江苏省高校哲学社会科学研究重大项目"农村预备师资的
其提升研究：以江苏省乡村定向师范生为例"（项目编号
江苏第二师范学院学术著作出版资助

农村预备师资的心理健康教育
胜任力研究

——以江苏省乡村定向师范生为例

孙 卉 ◎ 著

世界图书出版公司
上海·西安·北京·广州

图书在版编目（CIP）数据

农村预备师资的心理健康教育胜任力研究：以江苏省乡村定向师范生为例 / 孙卉著. -- 上海：上海世界图书出版公司，2023.2
　　ISBN 978-7-5232-0127-5

Ⅰ．①农… Ⅱ．①孙… Ⅲ．①农村学校—教师—心理健康—健康教育—研究—江苏 Ⅳ．① G443

中国国家版本馆 CIP 数据核字（2023）第 020247 号

书　　名	农村预备师资的心理健康教育胜任力研究——以江苏省乡村定向师范生为例 Nongcun Yubei Shizi de Xinli Jiankang Jiaoyu Shengrenli Yanjiu——yi Jiangsusheng Xiangcun Dingxiang Shifansheng wei Li
著　　者	孙　卉
责任编辑	胡　青
装帧设计	三仓学术
出版发行	上海世界图书出版公司
社　　址	上海市广中路88号9-10楼
邮　　编	200083
网　　址	http://www.wpcsh.com
经　　销	新华书店
印　　刷	武汉鑫佳捷印务有限公司
开　　本	787mm × 1092mm　1/16
印　　张	12.25
字　　数	178 千字
版　　次	2023 年 2 月第 1 版　2023 年 2 月第 1 次印刷
书　　号	ISBN 978-7-5232-0127-5/G · 790
定　　价	65.00 元

版权所有　翻印必究
如发现印装质量问题，请与印刷厂联系
（质检科电话：027-87531185）

序

　　做教师可以有一个比较享受的地方，就是因为师生关系而带来的那份暖融融的美好体验。这恐怕也是其他职业所难有的，每当看到自己学生的进步，都能由衷地感到喜悦，发自心底为他们高兴。其实也不为什么，就是感觉好。正因为如此，为自己的弟子做序也难免容易落入俗套，写出些溢美之词，下文如有表达不妥的地方还望读者见谅。

　　首先，说说我对于这本书选题的看法。这是一个关于农村预备师资心理健康教育胜任力的研究论著，从主题不难看出，重点涉及未来乡村教师的专业素养问题。其实，回想起来之所以做出这个选择，主要还是出自作者个人的偏好。虽然现如今的大部分年轻人更偏爱选择去做一些与城市相关的话题，但仍然会有人坚守乡村主题，我认为孙卉就是其中之一。作为导师，我对于学生选择研究课题一直是持比较开放态度的，虽然我自己对乡村教师教育并不熟悉，但是只要他们喜欢的，或者觉得适合的课题都是可以考虑的选项。我以为，只有当他们首先有这份喜爱，才可能真正确保去把这个课题做好。更何况，这对于解决当下农村儿童青少年心理健康关爱缺失，提升乡村师资心理健康教育水平还是很有意义的。近些年来，城市化进程加快，大批农村人口进入城市，留下了许多疏于照看和缺乏关爱的孩子，他们的心理困扰问题几乎无人关心。为解决这个难题，作者试图通过为那些即将走上乡村教育岗位的准教师们提供必要的知识训练储备，通过提升他们的综合心理健康教育素养，进而达成为乡村儿童心理健康教育助力的目的。从这个意义上讲，这个研究还是有很强现实意义的。

其次，说说对于这本书质量的看法。现在很多人会觉得虽然专业书籍出版了不少，但是如何从中取舍，找到真正有内涵且适合自己的高质量图书还是有点费劲。我个人以为其中至少有两种书可以考虑作为选择对象：一是那种几经修订，能够多次再版的图书。毋庸置疑，这说明它受欢迎且质量是经得起推敲的。再一个就是能够聚焦问题的专题研究论著，对于一些专业人士来说，那些聚焦问题和深入课题研究形成的专题论著也是一个不错的选择。当然这样的书通常也会比较小众一些，并不一定适合普通读者，但是，从专业学习和研读的角度看，还是可以发现一些不错的参考资源。本书因为是作者在个人深入论文专题研究基础上，加工写作而成的作品，所以很适合关注师范生培养，尤其是当前乡村定向师范生培养的教育工作者们参考和阅读。

此外，再说两句关于心理健康教育与农村心理健康教育关系的问题。从书名不难看出，本书专门探讨了即将从事农村教育的那些预备教师在心理健康教育上的专业胜任力问题。这些年，社会对于心理健康，包括心理健康教育的关注可谓是空前的火热，从国家主管教育机构到基层的学校，包括农村中小学校，都表现出了前所未有的重视。国家主席习近平在党的十九大报告中甚至专门提出了要加强社会心理服务体系建设，这也是新中国成立之后第一次有国家领导人正式为此事发声，反映出中国社会已经进入了一个从物质文明向精神文明跨越的特定时期，必须重视和加强这方面的工作了。也正因为如此，我们可以看到国家的教育主管机构围绕这项工作特别发布了一系列有关加强心理健康教育的专门政策文件。绝大多数的发达地区，尤其是城市中的心理健康教育工作其实已经做得比较好了，包括专业师资配备都已经有比较不错的推进。不过，在这样一个大背景下，也还存在一些尚未受到明显关注的领域，特别是针对农村孩子的心理健康教育，虽然也不时被提及，但是如何结合农村现实处境，落到实处开展工作，与城市比较起来差距还是显而易见的。就拿师资配备来说，目前许多城市中小学校中，条件保障配备都已经比较充分，专业师资也都已经不在少数。即便普通教师和班主任，也可以经常性地得到相关专业能力提升培训。但是，在那些疏于被关注的广大农村学校中，这方面的差距就明显多了。不要说专业师资配备，即便是一个普普通通的全科乡村教师也很难保证他们能够得到心理健康教育相关的知识训练。作为一个农业大国，如何未雨绸缪，及早从乡村预备师资的训练入手，在基础性建设上做出必要规划，把心理健康教育引入其中，十分必要。中国农村儿童明显存在很多需要特别研究和关注的专题心理健康教育课题，尤其近年来，伴随改革开放的快速城市化进程，大量留守儿童等特异现象带来了许多不同于城市儿童青少年的新问题，针对农村儿童的心理健康教育也相应需要专门加以研究，孙卉老师的这篇大作其实就是基于这样一个背景产生出来的。

虽然从实际情况看，为农村学校培养专业的心理健康教育教师恐怕还不是很现实，但是，帮助那些即将走入广阔天地，有志于农村教育的准教师们，为他们提供必要的心理健康教育知识储备，使得他们在未来工作中能够更好地施展才华，为农村儿童青少年健康成长助力，是一个很值得探讨的现实课题。我们知道，但凡想要成为教师，必要的心理学知识准备都是不可或缺的，不过，以往的预备师资培训主要看重的还是与教育教学相关的心理学知识，而关于孩子心理健康成长的知识训练因为是近些年才出现的新鲜现象，即便是在城市中小学师资培训中，目前的教科书仍还鲜有涉及。如何通过恰当的知识体系加以呈现，从而更符合教师教育需求，尤其用于缺少专业师资配备的农村中小学中，是一个非常值得探讨的话题。

本书通过走访和调查研究，形成了关于农村中小学教师心理健康教育胜任力的要素模型，并在此基础上通过大规模的问卷调查，发现了农村预备师资胜任力情况的差异和影响因素，虽然其中一些结论和观点还有待现实检验与修正，但至少可以为更具针对性的乡村师范生培养提供科学参考依据。

作为一篇基于博士生论文而形成的研究报告，全书的写作风格还是有比较好的科学规范性的，加之作者细腻严谨的风格，令文本内容的可读性也比较到位，应该说这是一部基于作者多年心血凝练而成的作品。另外一个难得可贵的地方是，作者注意结合实际师范生培养中的情况，提出问题，开展调查研究。其研究结论与中国国情匹配得比较好，不仅可以作为当下师范生培养和政策规划工作中的有用参考依据，也可以为那些有志于从事乡村教育工作的教师们提供一些必要参考。

教书者需要以育人为本，只有心系孩子成长，才有可能成为真正意义上的高品质教师。配合时代发展，现代教育工作者都应该具备这样一种最基本的理解：把教书与育人融合起来。即便是去做一个普普通通的未来乡村教师，除了教习知识，也还应该去思考如何更好帮助孩子健康成长的问题，把育人融入自己的教育行为中去，做一个真正有益于儿童青少年健康成长的教育者。

傅　宏

2023年1月于扬州夕岸花园

傅宏，南京师范大学心理学院教授，博士生导师，江苏省政协委员，教育部中小学心理健康教育专家指导委员会委员。

目　录

第一章　绪　论 ································· 1
　　一、研究缘起 ······························· 1
　　二、核心概念界定 ··························· 4
　　三、研究意义 ······························ 11
　　四、研究内容与框架 ························ 13
　　五、研究方法 ······························ 16
　　六、研究对象 ······························ 20

第二章　文献综述 ······························ 26
　　一、师范生能力研究的综述 ·················· 26
　　二、乡村定向师范生研究的综述 ·············· 43
　　三、胜任力研究的综述 ······················ 47

第三章　农村中小学教师心理健康教育胜任力模型的
　　　　初步建立（研究1） ····················· 64
　　一、引言 ·································· 64

二、研究方法 …………………………………………………… 66

　　三、研究结果 …………………………………………………… 75

　　四、讨论与分析 ………………………………………………… 85

第四章　农村中小学教师心理健康教育胜任力问卷的
　　　　　初步编制（研究2） ……………………………………… 89

　　一、引言 ………………………………………………………… 89

　　二、问卷的初步编制 …………………………………………… 90

　　三、问卷的再测与验证 ………………………………………… 100

第五章　江苏省乡村定向师范生心理健康教育胜任力现状的
　　　　　调查（研究3） …………………………………………… 105

　　一、引言 ………………………………………………………… 105

　　二、研究方法 …………………………………………………… 106

　　三、研究结果 …………………………………………………… 109

　　四、讨论 ………………………………………………………… 121

　　五、总结 ………………………………………………………… 126

第六章　江苏省乡村定向师范生心理健康教育胜任力的
　　　　　影响因素（研究4） ……………………………………… 128

　　一、引言 ………………………………………………………… 128

　　二、研究方法 …………………………………………………… 129

　　三、研究结果 …………………………………………………… 135

　　四、讨论 ………………………………………………………… 140

第七章 江苏省乡村定向师范生心理健康教育胜任力的

    提升研究（研究5） ·················· **144**

 一、引言 ························· **144**

 二、研究方法 ······················ **146**

 三、研究结果 ······················ **151**

 四、讨论 ························· **154**

第八章 研究总结························ **158**

 一、研究结论 ······················ **158**

 二、创新之处 ······················ **159**

 三、思考与展望 ····················· **160**

参考文献····························· **162**

附录 研究2中编制的问卷 ··················· **184**

第一章　绪　论

近年来，中小学心理健康教育工作得到了政府及教育主管部门的重视。早在1998年4月实施的《中小学德育工作规程》中就指出，中小学德育工作即"对学生进行政治、思想、道德和心理品质教育，是中小学素质教育的重要组成部分"。此后，2004年2月，国务院发布了《中共中央国务院关于进一步加强和改进未成年人思想道德建设的若干意见》，该文件明确指出，要在中小学"加强心理健康教育，培养学生良好的心理品质"。教育部也在《国家中长期教育改革和发展规划纲要（2010-2020年）》中指出，要"加强心理健康教育，促进学生身心健康"。此外，针对中小学心理健康教育工作，教育部于2002年和2012年分别发布了《中小学心理健康教育指导纲要》和《中小学心理健康教育指导纲要（2012年修订）》，对中小学开展心理健康教育工作提出了具体的要求。

一、研究缘起

在政府和教育主管部门的重视之下，各级各类中小学校开展了丰富多彩、形式多样的心理健康教育工作。然而，农村地区学校受制于师资不足、专业薄弱、资源有限等一系列因素的影响，在开展中小学心理健康教育工作方面相对滞后（康钊，2011；卢学双、王丽姝，2012）。为缓解农村地区中小学师资紧缺的问题，近年来，部分省份开展了乡村定向师范生的培养工作。江苏省从2016年起开展乡村教师定向培养工作，旨在为乡村学校培养一批扎根农村、甘于奉献、一专多能、素质全面的本土化的乡村教师，为促进城乡教育均衡发展、实现省域教育总体现代化提供坚强有力的师资保障。

然而，从乡村教师定向培养的专业来看，主要以学前教育以及中小学主要学科教育（语文、数学等）为主，暂无心理健康教育专业的乡村定向培养计划。加之农村地区心理健康教育师资极度紧缺（王铁英，2015），这一现实必然要求其他学科的农村中小学教师在一定程度上承担起开展学生心理健康教育工作的任务。因此，其他学科的农村中小学教师能否开展好心理健康教育工作，既关乎农村地区中小学心理健康教育工作能否顺利推进，更关乎能否保障农村地区中小学生心理的健康成长。

故此，本研究拟围绕乡村定向师范生心理健康教育工作的胜任力，从胜任力模型的建立及其应用的角度出发开展研究。总体而言，本研究的缘起主要基于以下几点考虑：

第一，心理健康教育能力是全体中小学教师应当具备的能力之一。中小学心理健康教育是提高中小学生心理素质、促进其身心健康和谐发展的教育，是进一步加强和改进中小学德育工作、全面推进素质教育的重要组成部分。为落实《中共中央国务院关于进一步加强和改进未成年人思想道德建设的若干意见》和《国家中长期教育改革和发展规划纲要（2010-2020年）》要求，进一步科学地指导和规范中小学心理健康教育工作，教育部于2012年印发了《中小学心理健康教育指导纲要（2012年修订）》。该文件明确指出："全体教师都应自觉地在各学科教学中遵循心理健康教育的规律，将适合学生特点的心理健康教育内容有机渗透到日常教育教学活动中"，"要在中小学校长、班主任和其他学科教师等各类培训中增加心理健康教育的培训内容"。从该文件的内容不难看出，开展中小学心理健康教育工作，不仅仅是专职心理健康教师的任务，也是中小学校长、班主任和其他学科教师应当具备的工作能力之一。

此外，在江苏省教育厅、江苏省发展改革委员会、江苏省人力资源与社会保障厅、江苏省编制办公室、江苏省财政厅等五部门于2016年联合发布的《关于开展全省乡村教师定向培养工作的通知》中指出，江苏省乡村教师定向培养工作的宗旨是"为全省乡村学校培养一批扎根农村、甘于奉献、一专多能、素质全面的本土化的乡村教师"。这里的"一专多能"也从另一个方面对乡村定向师范生提出了类似的要求，"一专"指的是提升本专业学科教学能力，而"多能"指的是除了本学科专业的教学能力之外，定向培养的师范生也应具备包括心理健康教育能力在内的其他相关能力。因此，培养师范生心理健康教育的能力，提升该群体心理健康教育工作的胜任力理应是师范生培养的重要内容之一。

第二，农村地区儿童心理与行为问题突出，亟待心理健康教育的介入。近年来，大量关于农村地区儿童群体的研究都显示，农村地区儿童心理与行为问题较为突出，涉及的问题包括情绪问题（刘霞、赵景欣、申继亮，2007）、品行问题（卢利亚，2017）、行为问题（周晓彬、张东峰，1998）、学业问题（梁文艳，2010）、人际问题（王秋香，2015）等（第二章"文献综述"部分将对农村地区儿童的心理与行为问题进行详细总结）。其中，农村留守儿童群体的问题尤为突出（戴斌荣，2013）。因此，在农村地区中小学开展心理健康教育工作是尤为重要的。

与之相对应，如上文所言，江苏省乡村教师定向培养工作，旨在为全省乡村学校培养一批扎根农村、甘于奉献、一专多能、素质全面的乡村教师，这里的"扎根农村"必然使得乡村定向师范生在今后的教育实践中面对的群体就是包括留守儿童在内的广大农村儿童。因此，提升乡村定向师范生开展中小学心理健康教育的胜任力，亦是改善农村地区儿童心理与行为问题，促进农村地区儿童心理健康成长的重要手段之一。

第三，农村地区心理健康教育师资紧缺，需要各科教师承担起心理健康教育的工作。长期以来，我国农村地区中小学都存在师资不足、师资流失的问题（李均，2008），主要学科的师资尚且如此，农村地区的心理健康教育师资就更为紧缺了。在这种情况下，一方面，教育主管部门要加强包括心理健康教育在内的农村师资的培养；另一方面，客观上也要求其他学科教师要承担起农村地区儿童心理健康教育的工作。从这方面而言，提升乡村定向师范生的心理健康教育能力亦是农村地区教育发展实际的客观要求。

二、核心概念界定

本研究围绕乡村定向师范生的心理健康教育工作胜任力模型的建立与应用而开展，主要涉及的核心概念包括"农村预备师资""乡村定向师范生""胜任力""心理健康教育工作胜任力"等。

（一）农村预备师资

预备师资或预备教师，顾名思义，指的是预备以教师作为其职业的个体和群体。总的来说，预备师资具有以下3个特点：一是预备性，即该个体或群体以教师职业作为职业意向，但尚处于职前教育或培训阶段，未正式走上教师工作岗位。二是有意愿，即该个体或群体愿意将教师作为其职业选择，例如甘火花和王贞（2016）在对福建省小学教育专业数学预备教师本体性知识开展调查研究的过程中，就将"有意愿从事小学数学教学工作"作为研究对象筛选的标准之一，即此处的"有意愿"。三是有资质，即该个体或群体具备从事教师职业的职业资格或资质，例如刘波（2010）在研究美国预备教师对品格教育的态度时，以美国阿肯色哈丁大学中计划取得教师资格证的本科生为研究对象，突出了"有资质"的特点。

从以上3个特点出发，学者们在进行"预备师资"研究时，通常以师范生群体为代表。首先，师范生群体在师范院校或师范专业中接受师范教育，但又未正式走上教师岗位，故符合"预备性"的特点；其次，师范生群体的就业定向性较强，该群体通常以教师职业作为自己的职业选择，故符合"有意向"的特点；最后，师范生群体经过教师资格考核和认定，能够获得相应的教师资质，故符合"有资质"的特点。

基于以上分析，在本研究中，"农村预备师资"可以被界定为：预备以农村中小学教师作为其职业选择的个体和群体。对此，乡村定向师范生群体不失为理想的研究对象。一方面，该群体作为师范生群体，符合上述三方面的特点，属于预备师资的群体；另一方面，该群体毕业后将按照定向培养的要求赴农村地区从事中小学教育教学工作，综合而言，符合"农村预备师资"的特点。

（二）乡村定向师范生

长期以来，我国农村地区中小学都存在师资紧缺、师资不足的情况。早在2000年教育部就在工作要点中指出，要"加强薄弱学校和农村地区的教师队伍建设"。

为此，国务院办公厅于2007年颁布了《教育部直属师范大学师范生免费教育实施办法（试行）》，决定在教育部直属师范大学实行师范生免费教育。该文件明确指出，"到城镇学校工作的免费师范毕业生，应先到农村义务教育学校任教服务二年"，"地方政府和农村学校要为免费师范毕业生到农村任教服务提供必要的工作生活条件和周转住房"，鼓励免费师范毕业生到农村任教。

在此基础上，国务院办公厅于2012年印发了《国务院办公厅转发教育部等部门关于完善和推进师范生免费教育意见的通知》，该文件除了再次明确"到城镇学校工作的免费师范生，应到农村义务教育学校任教服务二年""各地人民政府要为免费师范毕业生到农村学校任教服务提供必要的工作条件和周转宿舍"等要求以外，还提出要逐步在全国推广师范生免费教育政策，"鼓励支持地方结合实际选择部分师范院校实行师范生免费教育，为农村中小学和幼儿园培养大批下得去、留得住、干得好的骨干教师"。

2018年，教育部直属师范大学师范生培养进一步"升级"。当年，国务院办公厅印发了《国务院办公厅关于转发教育部等部门教育部直属师范大学师范生公费教育实施办法的通知》。该文件的颁布与实施，标志着我国师范生"免费教育"升级为新时代"公费教育"。该文件也再次明确了公费师范毕业生赴农村任教的年限、各地和农村学校要为公费师范生提供的必要保障等。

  在国家层面加强农村地区中小学师资培养的同时，各地也在教育部"鼓励支持地方结合实际选择部分师范院校实行师范生免费教育，为农村中小学和幼儿园培养大批下得去、留得住、干得好的骨干教师"政策精神的指导下，结合地方需求，开展了乡村（农村）定向师范生的培养工作。其中，江苏省从2016年起开展乡村教师定向培养工作，当年江苏省教育厅等五部门联合发布了《关于开展全省乡村教师定向培养工作的通知》，该文件指出，乡村教师定向培养工作由省级层面统筹开展，省内举办师范类专业的高等学校承担（目前江苏省内负责承担乡村教师定向培养工作的高等学校包括江苏师范大学、江苏第二师范学院、南京晓庄学院、扬州大学、南通大学、盐城师范学院和淮阴师范学院），优先安排到国家和省级卓越教师培养计划项目学校。招生对象为参加当年全国统一高考的高中毕业生，培养层次为四年制本科（2018年起增加南通师范高等专科学校作为五年制专科层次定向师范生培养单位，2020年和2022年又分别增加南京信息工程大学和南京特殊教育师范学院作为乡村教师定向培养单位）。该文件明确，"录取为乡村教师定向培养计划的师范生，在入学前与户籍所在县（市、区）教育局签订《定向就业协议书》"，"乡村定向师范生毕业后，按照《定向就业协议书》规定到户籍所在县（市、区）教育部门报到"，"乡村定向师范生上岗后，应在乡村学校任教并连续服务满5年以上"，"按协议到乡村学校任教的，符合省财政厅省教育厅印发的《江苏省高等学校毕业生学费补偿办法》（苏财规〔2015〕42号）要求的，返还在学期间的学费"。

  不难看出，与国家层面的免费（公费）师范生相比，地方层面的乡村定向师范生的"定向性"更强。例如，教育部的相关政策文件中，鼓励免费（公费）师范毕业生到农村任教，其中到城镇学校工作的免费师范毕业生，需先到农村义务教育学校任教服务，而江苏省的乡村定向师范生需要全部与户籍所在县（市、区）教育局签订《定向就业协议书》，并且在毕业后按照《定向就业协议书》到农村地区任教；再比如，教育部的相关政策文件中，到城镇学校工作的免费（公费）师范毕业生，在农村义务教育学校任教服务的期限为1~2年，而江苏省的乡村定向师范生上岗后，应在乡村学校任教并连续服务满5年以上。这种更强的"定向性"，在更高的程度上满足了农村地区中小学师资的需求。

基于以上梳理，本研究将研究中涉及的"乡村定向师范生"界定为：参加当年全国统一高考，在志愿填报阶段按规定填报本县（市、区）乡村教师的定向志愿，并被录取为乡村教师定向培养计划且尚未毕业的师范生。

（三）胜任力

胜任力（competency）也被称为胜任特征，人类对胜任力的描述最早可以追溯到古罗马时期，当时一种名为"胜任力轮廓图"（competency profiling，亦有学者将其翻译为"胜任力剖面图"）的工具曾被用来描述优秀的罗马战士应当具备哪些能力和品质（McClelland，1973；Spencer，1993）。但是，对胜任力的科学研究则始于20世纪初。其中，被誉为"管理科学之父"的弗雷德里克·温斯洛·泰勒（Frederick Winslow Taylor）所开展的"管理胜任运动"（management competencies movement）被学界普遍认为是科学胜任力研究的开端。泰勒通过"时间—动作研究"（time and motion study），将较为复杂的工作分解成一系列连贯的、简单的动作，并基于这些简单的动作来探讨不同工作对劳动者能力的不同要求，这种具体工作对劳动者能力的要求便是胜任力概念的雏形，只不过相比于当代研究更关注胜任力的内在特征和能力而言，当时泰勒理论中的胜任力更多地是指那些在劳动者劳动过程中可以被直接观察到的行为和动作，例如劳动者在工作过程中动作的力量和灵活性等，即泰勒理论中所谓的躯体因素（physical factor）。

如果说泰勒的理论和实践是科学胜任力研究的开端的话，那么系统的胜任力研究则始于哈佛大学的心理学家McClelland于20世纪70年代所开展的一系列研究。彼时，McClelland 受美国新闻署（USIA）委托，以 USIA 的一些管理者为研究对象，探究管理者的哪些能力特征会提升工作的绩效水平，结果发现，传统意义上的"领导能力""组织能力"等并非提升管理者工作绩效的关键因素，而"跨文化的人际敏感性、政治判断力和对他人的积极期待"等能力则在其中起了重要作用。基于此，在 1973 年发表于《美国心理学家》（*American Psychologist*）杂志上的论文"Testing for Competence Rather than for Intelligence"中，McClelland 对基于智力测验的传统测量方式提出了质疑，他在文中着力强调基于胜任力的测量方式的独特优势，并主张以胜任力测量的方式取代传统的智力测验、学业测验和能力倾向测验等。

在 McClelland 研究的基础上，其学生 Boyatzis 进一步开展大量的研究，并在总结已有文献的基础上，于 1982 年出版了《胜任的管理者》（*The Competent Manager*）一书，对管理者应当具备的胜任力特征进行了详细的论述。在 McClelland 和 Boyatzis 等人研究的影响下，涌现出一批关于胜任力研究的、有影响力的文献，例如 Raven 等学者于 1984 年出版的《现代社会的胜任力》（*Competence in Modern Society*）、Spencer 夫妇于 1993 年出版的《工作中的胜任力：卓越工作的模型》（*Competence at Work：Models for Superior Performance*）、Boyatzis 于 2015 年出版的《胜任力》（*Competency*），以及为数众多的有关胜任力的研究报告和期刊论文。这些文献的出版与流行，一方面使得胜任力的研究更加系统化，另一方面也使得胜任力的研究从学术领域逐渐延伸到管理实践中，为管理者和人力资源从业者提供了提升工作绩效的新思路。

在上述这些文献之中，McClelland（1973）最早将胜任力定义为"能够区分在特定工作岗位和组织环境中绩效水平的个人特征"。此后，Spencer 夫妇对胜任力做出了更加明确的界定，他们指出，胜任特征指的是能够将特定工作中的表现优异者与表现普通者区分开的个人潜在特征（Spencer and Spencer，1993）。他们进一步解释道，任何可以被准确测量并且能够区分特定工作中表现优异者与表现普通者的特征都可以被纳入胜任特征之中，既包括人格特质、行为动机、态度价值观等心理特征，也包括知识、技能等与工作相关的能力储备，甚至包括自我形象等外在特质。但他们也指出，相比于知识和技能等表层的胜任特征，与心理特征相关的深层次胜任特征才是决定人们在特定工作中行为效率的关键因素。

21世纪以来，以Kaslow和Hoge等人为代表的研究者们进一步在胜任力领域开展着研究。尽管如Hoge等学者所言，学界对胜任力的界定尚未达成一致（Hoge, Tondora, and Marrelli, 2005），但经过研究者们的不断辨析，胜任力的概念已越来越清晰。例如，在上文所述的McClelland以及Spencer夫妇定义的基础上，Kaslow（2004）进一步指出，胜任力是个体能力的组成要素之一，它既包括概念性的知识，也包括程序性的技能，但无论是概念性还是程序性的特质，胜任力都必须是可以被准确测量的和可以被操作化定义的，并且是可以通过培训和干预而被提升的。Hoge等（2005）也认为，胜任力必须是可以被测量的，同时他们进一步把胜任力分解成知识（knowledge）、技能（skill）、能力（ability）和个人特质（personal characteristic）四种成分。他们认为，尽管胜任力可以被看作是这些不同成分的集合，但在实践中运用胜任力时，不应将工作分解得过细，而应该将不同的成分有机整合，即后文即将分析的胜任力模型。

基于以上分析，胜任力的概念理应包含如下3个核心要素：第一，可区分性，即胜任力可以有效区分特定工作实践中的卓越者与普通者。第二，可测量性，即胜任力必须是可以被精确地操作定义，并在此基础上被准确测量到的。第三，可塑造性，即胜任力作为特定工作场景中的劳动者所具备的一种能力特征，是可以通过培训和干预而得到提升的。

（四）心理健康教育胜任力

自20世纪90年代开始，胜任力的研究逐渐从对管理者的研究拓展到对心理健康从业人员的研究，尤其是北美地区的一些职业能力鉴定委员会开始采用胜任力导向的方法对临床心理学、咨询心理学、学校心理学等领域的从业人员开展心理健康从业能力的鉴定，并逐渐形成了一种"胜任力导向的文化"（competency-based culture）（张爱莲、黄希庭，2010）。

此后，一些心理学的专业学会也开始关注心理健康从业人员的胜任力，并举办了一些有影响力的专业会议。例如，美国国家与地方心理学委员会（Association of State and Provincial Psychology Boards，ASPPB）于1996年举办了首届"专业心理学许可、鉴定与认证国际会议"，对不同水平的心理学从业人员应当具备胜任力特征进行了详细的归纳。2002年，美国心理学博士后实习中心（Association of Psychology Postdoctoral and Internship Centers，APPIC）举办了名为"胜任力会议：专业心理学教育与认证的未来方向"（Competencies Conference: Future Directions in Education and Credentialing in Professional Psychology）的学术会议，对包括心理健康教育在内的心理学专业从业人员的胜任力特征进行了更为严谨的规范。此后，美国最为权威的心理学机构——美国心理学会（American Psychological Association，APA）也于2006年成立了心理学实践领域的胜任力评估特别工作组，致力于开发心理学领域的胜任力模型、应对心理学胜任力评估过程中面临的问题、制定心理学胜任力评估的指导原则等。

随着专业学会的加入，并且在其他学科或领域已经关注到胜任力对学科实践的重要意义之时，心理学者们也开始呼吁，心理学作为一门专业性很强的学科，也应当将从业人员的胜任力作为学科实践的核心价值之一（Epstein，2007；Hoge et al.，2005；Leigh et al.，2007）。美国心理学会也于2002年呼吁，"基于伦理的考虑，心理学从业人员应当从胜任力的角度去弥补其实践中的不足，在这一过程中，专业委员会的认证对提升心理学从业人员的胜任力应当起到重要的作用"（To be considered ethical, psychologists are required to practice within the limits of their competence and to be certified by credentialing and regulatory boards as being competent and maintaining this competence）。

在这样的背景下，Kaslow等人基于词典中对"胜任力"的解释，对心理学从业人员的胜任力做出了明确的定义（Kaslow，Dunn，and Smith，2008）：在2006年版的《牛津英语词典》（*Oxford English Dictionary*）中，

"胜任力"（competence）被界定为"特定环境中的一种充足状态"（state of sufficiency in a given context or environment），据此他们认为，对于专业心理学从业人员而言，胜任力指的是在从事心理学专业工作的过程中应当具备的"能够恰当、有效地去理解和完成相应工作的一种能力，这种能力可以在从业人员的受教育背景、参与培训经历、专业认证等方面得以体现"（an individual's capability and demonstrated ability to comprehend and perform certain tasks appropriately and effectively and in a fashion that is consistent with the expectations for an individual qualified by education, training, and credentialing）。Kaslow还进一步指出，关注心理学专业领域的胜任力不仅能够提升心理学从业人员的从业能力，也能够使得公众更清楚心理学工作者的价值与责任所在（A focus on competencies assists the public in understanding the roles and responsibilities of psychologists）。

基于以上分析，本研究中所涉及的"乡村定向师范生心理健康教育胜任力"可以被界定为：乡村定向师范生在毕业后从事农村中小学心理健康教育工作实践的过程中，应当具备的、能够促进其恰当有效地完成农村中小学心理健康教育工作的各种能力。这些能力水平的高低一方面能够有效区分农村中小学中的卓越型心理健康教育工作者和普通型心理健康教育工作者，另一方面也能够通过一定的手段加以测量。并且，通过一定的培训或干预，这些能力的水平能够得到显著的提升。

三、研究意义

对乡村定向师范生心理健康教育工作胜任力的研究，在学术研究和实际应用层面均具有一定的意义。

（一）理论学术意义

从理论学术意义的角度而言，本研究丰富了特殊胜任力领域的研究。在前文提及的由美国心理学博士后实习中心（APPIC）于2002年举办的名为"胜任力会议：专业心理学教育与认证的未来方向"的学术会议上，会议组织者和与会者一致认为，专业心理学从业人员，尤其是心理健康服务人员的胜任力应当被分为两大类（关于胜任力的分类，后文"文献综述"部分将做详细论述）：一是核心胜任力（core competencies），即所有心理健康工作者都应具备的胜任力特征，例如心理健康的基础知识、心理干预技术、心理测验方法等。二是特殊胜任力（specific competencies），即某些具体的实践领域所需的胜任特征。例如婚姻家庭领域的心理健康工作者除了核心胜任力之外，还应当具备使用家庭治疗方法等胜任力特征；儿童心理健康服务领域的从业人员还应当具备与儿童开展有效沟通的能力等。

特殊胜任力涉及的领域很多，鲜有涉及师范生或职前教师心理健康教育工作胜任力的研究，乡村定向师范生作为心理健康教育工作者的胜任力研究就更显缺乏了。本研究拟基于乡村定向师范生的培养特点，探讨该群体从事心理健康教育工作所需的胜任力特征，并建立胜任力模型，这是对特殊胜任力研究领域的拓展与丰富。

（二）实际应用意义

除了理论和学术意义，本研究对乡村定向师范生的培养以及该群体今后的教育教学实践也具有一定的指导意义，这些意义可以总结为以下几个方面：

第一，优化乡村定向师范生的能力结构。后文"文献综述"部分会提及，当前对师范生的培养，最为重视的是"教学能力"的培养，其次还包括创新能力、就业能力、教育变革能力、与学生及家长沟通的能力、情绪调节能力等，但对心理健康教育工作的能力，特别是对非心理学专业师范生的心理健康教育工作的能力却关注极少。如前文所言，在新时代教育背景下，心理健康教育能力已经成为全体中小学教师都应当具备的能力之一。因此，本研究对乡村定向师范生心理健康教育工作胜任力的研究，尤其是胜任力的提升实践，亦是优化乡村定向师范生能力结构的实践探索。

第二，促进农村地区儿童的心理健康成长。前文提到，农村地区长期以来存在师资紧缺的问题，乡村定向师范生作为农村地区师资的有力补充，在师资紧缺，特别是心理健康教育师资紧缺的情况下，有必要在一定程度上承担起中小学心理健康教育工作的任务。前文同时提到，大量研究表明，农村地区儿童的心理与行为问题较为突出，亟待心理健康教育的介入。两相结合，提升乡村定向师范生心理健康教育工作的胜任力，帮助其在今后的教育实践中更好地介入农村地区儿童的心理与行为问题，也是促进农村地区儿童心理健康成长的有效途径。

第三，丰富教师队伍甄选和培训的手段。其实不仅是乡村定向师范生，《中小学心理健康教育指导纲要（2012年修订）》已明确指出，全体中小学校长、班主任和其他学科教师都应在不同程度上具备开展中小学心理健康教育工作的能力，心理健康教育已不仅仅是心理健康专业教师的工作和任务。因此，本研究所开发的心理健康教育胜任力的模型和测量工具，也可以经过有针对性地修改，将其运用于中小学教师队伍的甄选，或将其作为中小学教师甄选的参考依据之一，真正做到将"一专多能"的人才选拔入中小学教师队伍。

四、研究内容与框架

本研究以江苏省乡村定向师范生为主要研究对象，通过访谈、问卷调查、课程培训开发等手段，探讨该群体在今后农村教育实践中从事心理健康教育工作所需具备的胜任力特征。具体包括：乡村定向师范生从事心理健康教育工作需具备哪些胜任力特征，如何基于这些胜任力特征构建胜任力模型，如何基于胜任力模型编制相应的测量问卷进而开展大规模调研，该胜任力的影响因素有哪些，如何依据模型、调查结论和影响因素开发心理健康教育能力提升的培训课程等。

如图1-1所示，整个研究可以分为3个部分和5个分研究：

第一部分是模型建构，其中研究1通过行为事件访谈和结构性访谈，初步确定农村中小学教师开展心理健康教育工作需要具备的胜任力包含哪些特征、这些特征有何表现等，从而确定该群体从事心理健康教育工作的"鉴别性胜任特征"和"基准性胜任特征"，进而建立胜任力模型。

第二部分是现状调查，其中研究2基于初步构建的模型，在严格遵循心理与教育测量学要求的基础上，编制可用于大规模调查的工具；研究3利用先前研究编制的工具，基于科学的抽样，通过大规模的调查，探讨江苏省乡村定向师范生从事心理健康教育工作胜任力的现状、存在的问题、影响因素等；研究4在大规模调查的基础上，进一步基于扎根理论的思路和方法，探讨乡村定向师范生心理健康教育胜任力的影响因素。

第三部分（即研究5）是能力提升，围绕前序研究中构建的模型、调查的结论以及探索的胜任力影响因素等内容，同时基于教育学领域课程开发的思路和步骤，开发提升乡村定向师范生心理健康教育工作胜任力的培训课程，并将课程付诸实践，并通过随机对照实验的方法，验证开发课程的有效性。

```
              ┌─ 模型建构 ── 研究1：农村中小学教师心理健康教育胜任力模型的构建
              │
              │            ┌─ 研究2：农村中小学教师心理健康教育胜任力问卷的编制
              │            │
   总研究 ────┼─ 现状调查 ─┼─ 研究3：乡村定向师范生心理健康教育胜任力现状的调查
              │            │
              │            └─ 研究4：乡村定向师范生心理健康教育胜任力的影响因素
              │
              └─ 能力提升 ── 研究5：乡村定向师范生心理健康教育胜任力的培训提升
```

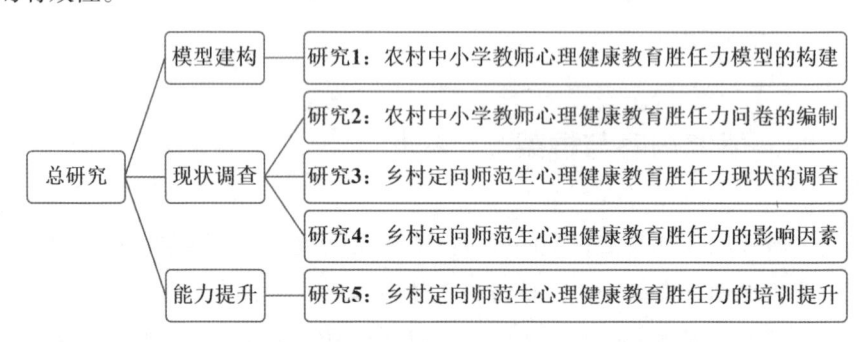

图 1-1　本研究的主要内容

需要特别指出的是，尽管本研究关注的是乡村定向师范生群体，但研究1和研究2均是基于农村地区在职教师而开展的。这主要是出于以下两点考虑：第一，行为事件访谈需要以工作经验为基础。胜任力研究，尤其是胜任力模型的构建通常需要以行为事件访谈为基础而开展，而行为事件访谈的核心内容是受访者从事特定工作的成功与失败经历，这些经历是师范生群体所不具备的；第二，以一名优秀教师的标准来对师范生群体开展评估，从以往的研究和实践经验来看也是合理的。例如，在对师范生的教学能力进行研究时，学者们也常会以优秀教师应当具备的教学能力来对师范生群体进行评估。因此，以农村教师为研究对象开展前期研究，对于本研究而言既是合理的，也是可行的，更是必需的。

总结而言，在本研究过程中，有三大问题需要解决：一是模型建构问题。构建农村教师开展中小学心理健康教育工作胜任力的模型是整个研究的起点，后续调查工具的编制和培训课程的开发都要基于模型的建构。因此，通过行为事件访谈和结构性访谈初步构建乡村教师开展中小学心理健康教育工作的胜任力模型是整个研究的基础性问题。二是工具编制问题。前期研究构建胜任力模型是在较小的范围和样本量的基础上完成的，要使得研究具有较高的外部效度，同时能够对江苏全省范围内乡村定向师范生的心理健康教育工作胜任力进行研究，有必要开发能够适用于大规模调研的工具。三是课程开发问题。胜任力研究的落脚点，归根到底在于提升这方面的能力，本研究的落脚点同样在于提升乡村定向师范生心理健康教育工作的能力。因此，基于模型构建和调查研究，开发能够提升乡村定向师范生心理健康教育工作能力的培训课程是本研究的最终目标。

具体而言，以上这些研究内容可以通过图1-2所示的技术路线得以完成：首先，通过行为事件访谈和结构性访谈初步确定农村教师开展中小学心理健康教育工作的胜任力模型。而后深入江苏全省不同地区、不同学校，对不同专业的乡村定向师范生进行大规模调查，从而了解乡村定向师范生心理健康教育工作的现状、特点及存在的问题等。在此基础上，开发乡村定向师范生心理健康教育工作胜任力提升培训课程，并通过随机对照实验的方法确定开发课程的有效性。

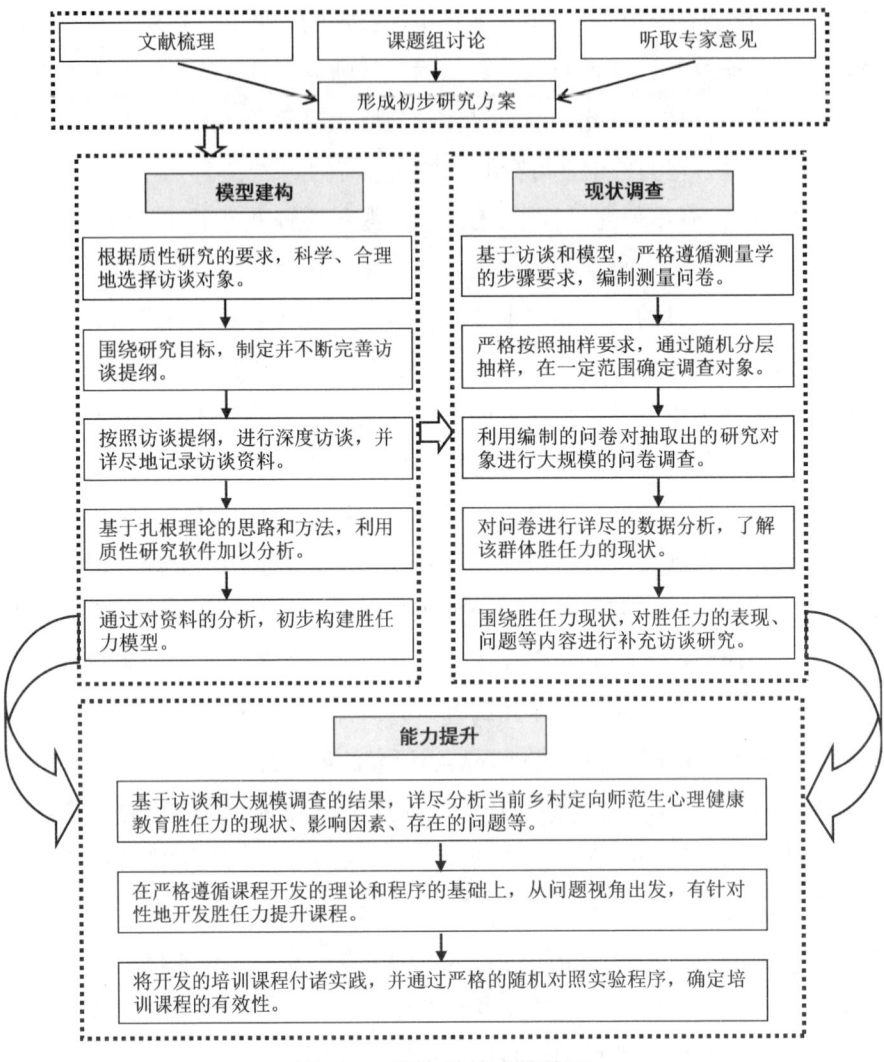

```
┌─────────────────────────────────────────────────────────┐
│   文献梳理        课题组讨论        听取专家意见          │
│        │             │                  │               │
│        └──────→ 形成初步研究方案 ←───────┘               │
└─────────────────────────────────────────────────────────┘
                         ↓
┌──────────────────────────┐  ┌──────────────────────────┐
│      模型建构            │  │      现状调查            │
│                          │  │                          │
│ 根据质性研究的要求，科学、│  │ 基于访谈和模型，严格遵循 │
│ 合理地选择访谈对象。     │  │ 测量学的步骤要求，编制测 │
│                          │  │ 量问卷。                 │
│        ↓                 │  │        ↓                 │
│ 围绕研究目标，制定并不断 │  │ 严格按照抽样要求，通过随 │
│ 完善访谈提纲。           │  │ 机分层抽样，在一定范围确 │
│                          │  │ 定调查对象。             │
│        ↓                 │  │        ↓                 │
│ 按照访谈提纲，进行深度访 │⇨│ 利用编制的问卷对抽取出的 │
│ 谈，并详尽地记录访谈资料。│  │ 研究对象进行大规模的问卷 │
│                          │  │ 调查。                   │
│        ↓                 │  │        ↓                 │
│ 基于扎根理论的思路和方法，│  │ 对问卷进行详尽的数据分析，│
│ 利用质性研究软件加以分析。│  │ 了解该群体胜任力的现状。 │
│        ↓                 │  │        ↓                 │
│ 通过对资料的分析，初步构 │  │ 围绕胜任力现状，对胜任力 │
│ 建胜任力模型。           │  │ 的表现、问题等内容进行补 │
│                          │  │ 充访谈研究。             │
└──────────────────────────┘  └──────────────────────────┘
               ⇨    ┌─────────────────────┐    ⇦
                    │      能力提升       │
                    │                     │
                    │ 基于访谈和大规模调查的结果，详尽分析当前乡│
                    │ 村定向师范生心理健康教育胜任力的现状、影响│
                    │ 因素、存在的问题等。                      │
                    │            ↓                              │
                    │ 在严格遵循课程开发的理论和程序的基础上，从│
                    │ 问题视角出发，有针对性地开发胜任力提升课程。│
                    │            ↓                              │
                    │ 将开发的培训课程付诸实践，并通过严格的随机│
                    │ 对照实验程序，确定培训课程的有效性。      │
                    └───────────────────────────────────────────┘
```

图1-2　研究的技术路线图

五、研究方法

本研究主要探讨乡村定向师范生在今后农村教育实践中从事心理健康教育工作的胜任力问题，通过访谈、测验、实验等多种研究方法开展研究，具体而言，所涉及的研究方法包括访谈法、测验法和实验法三大类。

（一）访谈法

对胜任力的研究，最常用的方法就是访谈法，包括行为事件访谈法（behavioral event interviews）和结构式访谈法（structured interviews）。其中，行为事件访谈法是众多研究者常用来开展胜任力研究的方法之一，和胜任力的概念起源于泰勒的科学管理思想和理论一样，行为事件访谈法也深受泰勒思想的影响。在泰勒的科学管理思想中，工作分析研究中的关键事件法是典型的研究方法之一，该方法分析的是劳动者在高效完成劳动的过程中，哪些行为动作是关键事件，对劳动的高效完成具有明显的促进作用，那么这些行为动作就会被记录下来，并推广到所有劳动者的劳动过程中去，以达到全面提高生产效率的目的。此后，胜任力研究的先驱McClelland在关键事件法的基础上，发展出一套用于人才测评的访谈技术，即行为事件访谈法，并将其运用于前文所提及的他的一系列研究之中。总的来说，行为事件访谈法是一种开放式的行为回顾探察技术，研究过程中分别对特定工作中的卓越型工作人员和普通型工作人员开展访谈，基于他们在完成工作过程中的典型事件，探察他们在工作过程中所表现出来的行为的差异，从而确定胜任该项工作需要具备的行为特征和潜在特质。因此，利用行为事件访谈法对乡村定向师范生开展心理健康教育工作的胜任力进行研究，需要分别对卓越型与一般型心理健康教育工作者，尤其是从事农村地区心理健康教育实践的教师进行访谈，比较其从事心理健康教育工作的成功事件和失败事件，再运用胜任力编码词条进行编码，提取能够区别两者的胜任特征词条，从而建立胜任力模型（McClelland，1998）。

此外，结构式访谈法也可以被运用于胜任力领域的研究，尤其是在本研究中，行为事件访谈的研究对象是已经在农村地区学校工作，并开展中小学心理健康教育的教师。而整个研究的对象是尚未毕业的乡村定向师范生，两者存在一定的差异，因此在开展心理健康教育工作的能力要求方面理应也存在一定的差异。因此，在研究中还需利用结构式访谈的方法，对乡村定向师范生群体、负责承担乡村教师定向培养工作的学校的相关教师、农村地区中小学的相关教师等群体开展访谈并收集翔实的访谈文本资料，得到农村地区教师开展中小学心理健康教育工作所需具备的胜任力的范畴属性和概念属性等，并结合行为事件访谈研究的结论，构建该胜任力特征的结构。

除了模型建构过程中涉及以上两种访谈方法以外，本研究还涉及无结构或半结构式访谈。在探索乡村定向师范生心理健康教育胜任力的影响因素过程中，由于问卷调查只能从事先预设的部分角度（例如性别、年级、专业等）来分析受测群体胜任力的差异，很难就那些未知的因素开展分析。因此，本研究还基于扎根理论等质性研究的思想，通过对部分乡村定向师范生开展无结构或半结构式访谈而收集文本资料。此后，对文本资料进行分析，其步骤包括阅读原始资料、登录和编码以及对编码资料进行归类和深入分析：首先，结合访谈中的笔记对原始文本进行反复阅读，给文本资料赋予意义。其次，对文本进行登录和编码，并在建立编码和归档系统的基础上，对编码资料进行归类和深入分析。在该过程中，Glaser 和 Strauss（1968）最早建议使用开放式编码（open coding）和持续比较法（constant comparative），并一直延续至今。开放式编码指的是对原始文本资料反复阅读，在文本资料中寻找有意义的单元。持续比较法指的是将编码的原始材料反复对比推敲，分成不同的类属，并在分类的过程中继续反复比较，以保证不同类属间的差异最大化。

（二）测验法

访谈法可以通过较为深入的访谈对农村预备师资从事心理健康教育工作的胜任力模型进行初步构建，从而了解该胜任力的结构特征。但是，作为质性研究的访谈研究所涉及的研究对象较少，难以对江苏全省定向师范生的情况进行调查。因此，本研究在通过访谈研究构建胜任力模型的基础上，进一步通过测验研究，对江苏全省乡村定向师范生的心理健康教育工作胜任力现状进行调查。

总的来说，在本研究中，通过测验法对江苏全省乡村定向师范生的心理健康教育工作胜任力现状进行调查需要两大步骤：

其一，问卷编制，即编制农村教师开展中小学心理健康教育工作胜任力问卷。问卷编制过程中，首先基于访谈法构建胜任力模型，初步确定问卷的维度和项目，进而形成初始问卷；其后，严格按照测量学标准，将初始问卷在小范围内施测，基于施测数据进行项目分析，删除不合理项目；最后，将完善后的问卷在较大范围内进行再测，基于再测结果分析问卷的信效度检验，形成正式版本的问卷。

其二，大规模调研，即利用编制的胜任力问卷开展全省范围内的大规模调研。2016～2019年，江苏全省计划录取乡村定向师范生近万人（具体数据详见下文"研究对象"部分），面对如此大的总体量，研究很难开展全面调查。因此，开展大规模调研首先要进行科学的抽样，基于科学抽样选取研究总体的10%左右作为研究样本，利用正式问卷在样本群体范围内进行调查，以了解乡村定向师范生心理健康教育工作胜任力的现状。

（三）实验法

对乡村定向师范生心理健康教育工作的胜任力开展研究，归根到底是为了提升乡村定向师范生该项能力。因此，研究的落脚点应在于能力提升的实践，而能力提升的研究离不开实验研究的思路和方法：一方面，严格按照课程开发的理论、方法和步骤，基于模型和问卷调查结论，开发用于提升乡村定向师范生心理健康教育工作胜任力的培训课程。总的开发思路是"确定目标→需求分析→整体设计→单元设计→评价修订→实施课程→效果评估"。另一方面，在此基础上将开发的培训课程用于乡村定向师范生培养实践，并通过随机对照实验程序，检验培训课程的有效性，即将参与实验的乡村定向师范生随机分配到实验组（接受本研究开发的课程培训）和对照组（不接受相关课程），培训结束后通过统计的方法比较两组差异。具体实验思路如表1-1所示。

表1-1 能力提升实验研究的模式

组别	前测数据	实验处理	后测数据	追踪数据
实验组	X_1	接受培训	X_3	X_5
控制组	X_2	不接受培训	X_4	X_6

第一步，通过研究中编制的胜任力测量工具，筛选出心理健康教育工作胜任力较低的师范生群体，将其作为实验研究的对象，并在兼顾地区、学校、专业差异的基础上，将研究对象随机分配到实验组和控制组。其中，实验组接受本研究开发的课程培训，控制组不接受培训。

第二步，参与者的筛选过程即可作为实验的前测，从而获得实验组的前测数据 X_1 和控制组的前测数据 X_2。通过独立样本 t 检验，确定 X_1 和 X_2 之间没有显著差异，从而确定两组在实验之前的同质性。

第三步，对实验组开展课程培训，在此期间，控制组不接受任何培训。

第四步，培训结束后，对两组进行后测，即通过编制的问卷再次进行测量，从而得到实验组的后测数据 X_3 和控制组的后测数据 X_4。通过独立样本 t 检验考察 X_3 和 X_4 之间的差异，如果 X_3 显著高于 X_4，则在一定程度上验证了培训课程的有效性。

第五步，培训结束一段时间（初步计划时间为3个月）后，再次通过编制的问卷对两组进行追踪测量，从而得到实验组的追踪数据 X_5 和控制组的追踪数据 X_6。通过重复测量方差分析考察3次测量数据的变化趋势，如果 X_5 和 X_3 相比没有显著下降，且一直显著高于控制组数据，则在一定程度上验证了培训课程的持续性效果。

六、研究对象

江苏省从2016年起开展乡村教师定向培养工作，因此结合上文核心概念的界定，本研究所涉及的研究总体是2016年至今江苏省参加当年全国统一高考，在志愿填报阶段按规定填报本县（市、区）乡村教师的定向志愿，并被录取为乡村教师定向培养计划且尚未毕业的师范生。查询江苏省内负责承担乡村教师定向培养工作的学校（江苏师范大学、江苏第二师范学院、南京晓庄学院、扬州大学、南通大学、盐城师范学院、淮阴师范学院、南通师范高等专科学校、南京信息工程大学、南京特殊教育师范学院）的官方招生网站，官方招生微信公众号，江苏省教育考试院《江苏招生考试（招生计划专刊）》等资料信息可知，2016～2022年，江苏全省的乡村定向师范生招生计划总数是19128人（表1-2），并呈现逐年增多的趋势（图1-3），其中2016年的招生计划数是1890人，2017年的招生计划数是1999人，2018年的招生计划数是2540人，2019年的招生计划数是2970人、2020年的招生计划数是3308人，2021年的招生计划数是3305人，2022年的招生计划数是3116人。

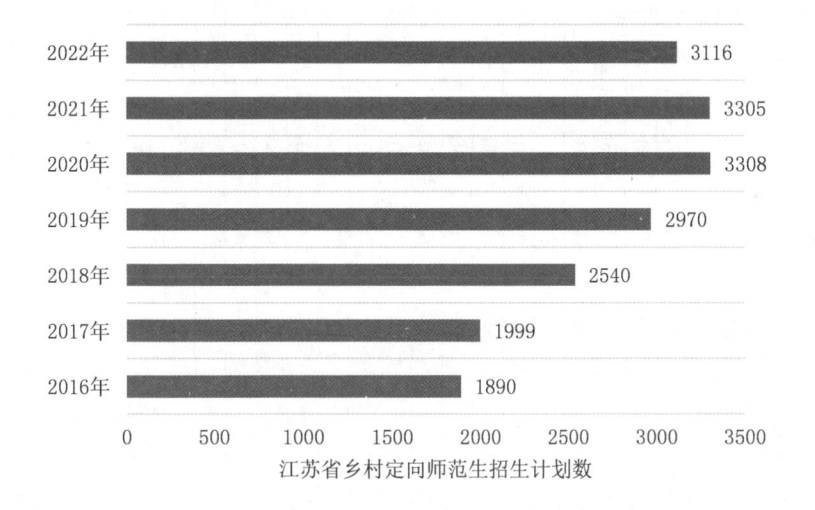

年份	江苏省乡村定向师范生招生计划数
2022年	3116
2021年	3305
2020年	3308
2019年	2970
2018年	2540
2017年	1999
2016年	1890

图1-3　江苏省2016～2022年乡村定向师范生招生计划数变化趋势

表 1-2 江苏省 2016~2019 年乡村定向师范生招生计划

培养单位	招生专业	2016年	2017年	2018年	2019年	2020年	2021年	2022年	各校合计	总合计
江苏师范大学	汉语言文学（师范）	47	62	61	58	46	41	58	2336	19128
	数学与应用数学（师范）	62	48	45	55	89	59	64		
	英语（师范）	74	37	48	41	50	51	39		
	小学教育（师范）	96	118	152	145	131	138	96		
	教育技术学（师范）	36	27	61	60	44	40	57		
	学前教育（师范）	90	43	81	41	51	50	46		
	小学教育（师范）	109	75	238	261	260	158	140		
	历史学（师范）	0	0	0	36	44	48	55		
	物理学（师范）	0	0	0	52	49	48	45		
南京晓庄学院	地理科学（师范）	54	0	0	39	94	62	62	3162	
	音乐学（师范）	30	0	54	58	36	43	40		
	体育教育（师范）	0	0	30	42	54	50	52		
	思想政治教育（师范）	0	0	0	0	44	49	50		
	生物科学（师范）	0	0	0	0	0	48	68		
	汉语言文学（师范）	0	0	0	0	0	43	40		
江苏第二师范学院	学前教育（师范）	55	67	63	87	50	50	46	3745	
	小学教育（师范）	116	163	207	235	204	161	157		
	历史学（师范）	35	47	64	38	55	48	46		
	物理学（师范）	0	0	0	38	47	96	90		
	地理科学（师范）	0	0	0	38	47	44	46		
	音乐学（师范）	56	43	55	60	33	46	43		
	美术学（师范）	46	43	57	57	46	51	41		
	英语（师范）	0	0	0	0	29	56	40		
	汉语言文学（师范）	0	0	0	0	44	40	41		
	生物科学（师范）	0	0	0	0	59	48	41		
	思想政治教育（师范）	0	0	0	0	0	45	51		
	数学与应用数学（师范）	0	0	0	0	0	46	46		
	化学（师范）	0	0	0	0	0	0	42		

续表

培养单位	招生专业	2016年	2017年	2018年	2019年	2020年	2021年	2022年	各校合计	总合计
盐城师范学院	数学与应用数学（师范）	48	45	51	52	43	0	0	2552	
	英语（师范）	43	47	39	62	55	49	39		
	思想政治教育（师范）	29	42	42	64	42	44	55		
	生物科学（师范）	38	44	64	39	50	47	39		
	学前教育（师范）	0	0	0	44	52	49	44		
	小学教育（师范）	107	150	119	138	158	142	85		
	地理科学（师范）	0	0	0	0	50	43	0		
	体育教育（师范）	0	0	0	0	57	48	54		
南通大学	汉语言文学（师范）	52	44	43	58	40	36	41	1664	
	数学与应用数学（师范）	40	37	43	45	43	44	40		
	小学教育（师范）	162	154	95	108	144	117	118		
	学前教育（师范）	0	63	57	0	0	0	0		
	英语（师范）	0	0	0	0	0	0	40		
淮阴师范学院	地理科学（师范）	49	49	66	51	39	50	45	2733	
	物理学（师范）	48	67	68	45	90	45	46		
	汉语言文学（师范）	44	51	62	92	50	37	40		
	小学教育（师范）	126	142	146	188	130	130	107		
	生物科学（师范）	0	0	0	44	48	49	43		
	英语（师范）	31	0	0	0	0	0	0		
	美术学（师范）	52	0	0	0	44	49	41		
	数学与应用数学（师范）	0	0	0	0	48	45	44		
	历史学（师范）	0	0	0	0	0	45	47		
扬州大学	汉语言文学（师范）	39	0	0	46	0	0	0	1601	
	英语（师范）	37	39	34	0	0	0	0		
	小学教育（师范）	39	128	93	116	139	137	80		
	数学与应用数学（师范）	0	39	35	45	39	39	42		
	化学（师范）	0	46	49	58	74	38	40		
	体育教育（师范）	0	39	48	43	0	0	0		

续表

培养单位	招生专业	2016年	2017年	2018年	2019年	2020年	2021年	2022年	各校合计	总合计
南通师范高等专科学校	小学教育	-	-	60	65	80	104	90	1008	
	音乐教育	-	-	19	22	18	19	18		
	体育教育	-	-	23	21	18	23	26		
	美术教育	-	-	19	20	12	15	12		
	学前教育	-	-	49	63	92	68	52		
南京信息工程大学	地理科学（师范）	-	-	-	-	47	50	42	314	
	物理学（师范）	-	-	-	-	0	47	50		
	化学（师范）	-	-	-	-	0	37	41		
南京特殊教育师范学院	特殊教育学	-	-	-	-	-	-	13	13	

因此，本研究的研究对象即在该研究总体中产生，后续研究开展过程中，将根据研究需要，严格按照抽样的要求，通过科学的抽样方法选取每个研究所需要的样本，具体抽样的过程在后续研究报告中将做详细陈述。

另外需要指出的是，从表1–2的数据可以看出，在江苏省2016～2019年乡村定向师范生的招生计划中，所涉及的招生专业几乎涵盖了中小学和幼儿园教学实践中的所有学科，包括汉语言文学（师范）、数学与应用数学（师范）、英语（师范）、物理学（师范）、化学（师范）、生物学（师范）、思想政治教育（师范）、历史学（师范）、地理科学（师范）、音乐学（师范）、美术学（师范）、体育教育（师范）、小学教育（师范）、教育技术学（师范）、学前教育（师范）等。

但不难看出，其中并没有提及心理健康教育或相关专业，这也从另一个角度提示我们，在没有专业心理学教师从事农村地区中小学心理健康教育工作的情况下，提升其他学科教师从事中小学心理健康教育工作的能力既是必要的，也是必须的。

第二章　文献综述

一、师范生能力研究的综述

（一）研究领域

总结当前对师范生和职前教师（pre-service teacher）[①]群体的研究可以发现，对师范生能力的研究涉及领域很广，总的来说，涉及的领域包括与师范生教学实践相关的能力、与师范生个人发展相关的能力、与学生发展相关的能力以及其他一些能力。

[①] 从严格意义上来说，"师范生"和"职前教师"并非完全等同的概念，其中"师范生"指的是大中专院校师范类专业的在读学生和毕业学生，所修专业属于教育方向，将来的就业目标比较明确，即到各级各类学校或教育机构从事教学及管理工作，是未来教师的预备者。而"职前教师"除了包含师范生群体以外，也包括其他非师范类专业毕业的部分学生，他们通过取得教师资格而准备到各级各类学校或教育机构从事教学及管理工作。可见，相比"师范生"而言，"职前教师"的范围更广。但相比而言，国外研究中更倾向于使用 pre-service teacher，即"职前教师"这一概念，因此，本研究在进行有关"师范生"的研究综述时，也将"职前教师"相关的研究纳入其中。同时，在文字表述方面，也尽可能做到尊重研究者的原始表述，即在描述国外研究时，按照作者的表述主要使用"职前教师"的表述，而在引用国内研究时，主要采用"师范生"的表述。

1. 与教学相关的能力

教学能力的培养与提升是师范生培养的核心内容，教育部师范司编写的《教师专业化的理论与实践（修订版）》指出，"教学能力是指教师达到教学目标，取得教学成效所具有的潜在的可能性，它由许多具体的因素所组成，反映出教师个体顺利完成教学任务的直接有效的心理特征"，而关于师范生教学能力的研究也多是基于这一概念界定而开展的。

具体而言，对师范生教学能力的研究主要有3条路径。

（1）不同学科的路径

第一条研究路径是从学科的路径出发，研究不同学科师范生的教学能力。以语文、数学和英语三门学科的教学能力为例：

语文学科方面，隋勇（2016）从微课教学的视角出发，从质的和量的两个方面入手，探讨了微课对提升师范生语文教学能力的作用；冯海英（2008）探讨的则是微格教学的方式对师范生语文教学能力的作用；同样是对师范生语文教学能力的研究，封喜桃（2013）、宋祥和马云鹏（2010）分别探讨的是师范生在小学语文和中学语文学科教学能力方面的问题；而吴欣（2016）和陈萍（2010）则是分别从写作和阅读的角度分析了师范生的语文教学能力。

数学学科方面，桂思琴等人（2017）从信息化教学能力培养的角度出发，探讨了师范生数学教学能力的相关问题；金然等人（2015）基于相关教学软件的应用，从几何教学的角度分析了师范生的数学教学能力；此外，还有更多的学者关注到了师范生数学教学能力的培养问题，例如常彦妮（2020）分析了如何从微课教学的角度来提升师范生的数学教学能力，而邓立军等人（2019）则结合当前正在开展的师范专业认证活动来探讨如何提升师范生的数学教学能力。

英语学科方面，徐雅楠（2017）关注到了英语专业师范生的自我探究式教学能力；朱红梅（2017）从义务制教育新课标要求出发，提出英语专业师范生还需要提升绘本教学能力；李金妹等人（2012）以 Lakoff 和

Johnson 的体验哲学和社会建构主义为理论基础，提出英语师范生"体验式学科教学能力发展"模式；在英语专业师范生教学能力的培养与提升方面，反转课堂（徐蕴，2018）、微格教学（徐萌，2017）、校（师范生培养高校）政（教育主管部门）校（中小学）协同模式（陈婉转，2016）等是常被提及的方法与模式。

此外，物理（曹宇巍，2011）、化学（吴晗清、赵芳祺、李丽萍，2019）、历史（袁亚丽，2016）、体育（罗小兵、邓亚兰、王斌，2016）等学科师范生的教学能力研究均有学者进行探讨，此处篇幅所限，不再展开一一赘述。

（2）教学能力结构的路径

第二条研究路径是从教学能力的结构分类出发，研究师范生教学能力的结构组成，即师范生的教学能力应当由哪些分支能力构成。在教育部师范司编写的《教师专业化的理论与实践（修订版）》中，教师教学能力被分为教学设计能力、教学实施能力和学业检查评价能力。据此，一些研究便从这一角度出发，对师范生的教学能力开展了相关的研究。例如，杨爱君（2012）基于教学能力中 3 种具体能力的划分，从教学设计能力、教学实施能力和教学反思能力 3 个维度出发，编制了师范生教学能力问卷，并利用该问卷对两所部属师范高校中上千名免费师范生开展了大规模调查，结果发现师范生这 3 个方面的教学能力在性别、入学前就读高中类型、户籍类型等方面均存在不同程度的差异，作者也在此基础上对师范生教学能力的提升提出了一些建议。张爱群（2002）的研究则指出，师范生的教学能力可以划分为 4 个方面，即教学认知能力、教学操作能力、教学监控能力和教学评价能力。此外，该研究还进一步指出，师范生的教学能力受到知识结构、实践经验和个性品质 3 个方面因素的影响。

（3）具体教学能力的路径

第三条研究路径是从一些具体的教学能力出发，探讨师范生应当具备哪些具体的、与教学相关的能力。首先，课堂教学能力是师范生众多教学能力中最基础的能力之一，黄学兵等人（2011）从顶岗实习这一教师教育模式出发，分析了顶岗实习过程中师范生课堂教学能力培养的问题。此外，在众多与教学相关的能力中，信息化教学能力被众多学者所提及，张琳和荷兰教育学者约克·沃格特（2019）从荷兰的经验出发，指出信息化教学能力是信息化时代与教育融合的大背景下，教师应当具备的重要教学能力之一，而师范生信息化教学能力的培养应当与学科培养相融合。除了以上提及的课堂教学能力、信息化教学能力等，计算机辅助教学能力（赵勇，2009）、实践教学能力（李明高、葛仁福，2016）、探究式教学能力（李岩楠，2017）、分析教材的能力（聂桐彤 等，2020）等亦被看作是师范生应当具备的相关教学能力。

2. 与个人发展相关的能力

除了课堂教学能力，还有一些能力是和教师个人发展相关的，这些能力的提升也是师范生培养过程中应当关注的。总的来说，这部分能力可以分为两大部分：一是与个人业务发展相关的能力，即这些能力能够促进教师在教师生涯方面的发展；二是与个人身心发展相关的能力，即这些能力能够促进教师的身心健康发展。

（1）与个人业务发展相关的能力

在与业务发展相关的能力中，最有代表性的包括教育科研能力和教育实习能力。关于师范生的教育科研能力，近期一项关于职前教师的研究调查了职前教师对教育科学研究的态度，结果发现，被调查者普遍认为教育科学研究对其专业发展有着积极的作用，然而他们又并不是积极地参与到教育科学研究之中（Hennessy and Lynch，2019）。国内的研究也有着类似的结论，即研究者们普遍认为，教育科学研究对师范生和教师的发展都有着积极的作用。但不可否认的是，当前师范生群体中还存在着教育科研能力弱的现实，乔金锁和蔡雪梅（2010）分析了新建本科院校师范生科研能力弱的原因，即学校层面不重视师范生教育科研能力的培养、对与教育科学研究能力相关的基础性课程重视不够、实践性课程中对科研的操作认识不足等。韩国学者的研究指出，这可能与师范生欠缺寻找科学问题的能力有关（Hwang and Park，2015）。总的来说，教育科学研究能力对师范生之所以很重要，一方面，它关系到师范生能否在今后的执教生涯中敏锐地发现教学实践中存在的问题，并通过科学的方法对该问题进行研究和分析，进而解决教学实践中遇到的问题；另一方面，通过开展教育科学研究而产出一些教育科研成果，对师范生今后职业生涯中的绩效考核、职称评定等也有着直接的促进作用。

此外，与师范生个人发展密切相关的能力之一莫过于教育实习能力，教育实习是师范生培养过程中的重要环节，是师范生从校园学习走向一线课堂的重要准备，教育实习能力的高低在很大程度上影响着师范生能否顺利地从一名"师范生"转变为"教师"。至于如何评估并提升师范生的教育实习能力，李政云（2019）从美国宾夕法尼亚州的《师范生教育实习能力标准》切入，提出了构建我国师范生教育实习能力标准的一些原则，包括丰富教育实习评价的方法和维度、围绕教育实习能力的评价结果提出螺旋式能力提升的要求、教育实习能力的具体要求要体现教育反思性、谨防教育实习中的"艺技化"现象等。关于如何提升师范生的教育实习能力，不同的学者从不同的角度提出了一些建议：刘旭东（2011）建议从教育实践课程改革的角度出发，提升师范生的教育实习能力；周有斌（2005）认为，加强实习基地的建设有助于提升师范生的教育实习能力；黄学兵等人（2011）则认为，优化"顶岗实习"的教育实习模式对于师范生而言是有着积极作用的。此外，李斌辉和张家波（2016）还从师范生教育实习过程中可能存在的风险的角度出发，探讨了提升师范生教育实习能力的一些建议，例如要谨防教育实习过程中一些现实困扰导致师范生专业认同度和从教意愿的降低，降低实习过程中的边缘化对师范生的消极影响，避免教育实习的有限情境导致师范生教育经验过于狭隘，防止基于学校的教育实习弱化教师教育的专业性等。

当然，除了教育科研能力和教育实习能力，与师范生的个人发展有着密切关系的能力还有很多，例如周永煌（2020）基于师范院校师范生就业难的问题提出，培养可持续发展的择业能力对师范生的个人发展有着积极的作用；也有学者认为，批判性思维能力（critical thinking ability）对于师范生来说是至关重要的能力（Prayogi, Yuanita, and Wasis, 2018）；Braun-Jr和Crumpler（2004）基于叙事研究的方法指出，发展反思能力对师范生的发展具有积极意义；良好的生涯规划能力在学者们看来，对师范生的未来发展也具有积极的意义（Park, 2018; Slomp, Gunn, and Bernes, 2014; Young, 1995）；此外，离开了师范学校的学习环境，提升自主学习的能力也是促进师范生在后续教师生涯中持续发展的重要路径之一（王孝红，2008）。可见，师范生的个人发展离不开各种能力的培养与提升。

（2）与身心发展相关的能力

在与身心发展相关的能力中，师范生的心理调节能力最为典型：一方面，良好的心理调节能力能够帮助师范生从容应对师范培养和今后教育实践中遇到的心理困扰；另一方面，具备健康的心理亦是作为一名教师应当具备的综合素养之一，很多国家对师范生的认证标准中都包含心理健康的要求（Brown et al., 2019）。因此，心理调节能力已不仅对师范生的身心健康发展具有积极的作用，也是影响师范生个人发展的重要能力之一。

对于师范生的心理调节能力，不同的学者从不同的角度进行了探究：有学者从抗挫折能力的角度出发，研究了师范生抗挫折能力的现状、特点及其与生命价值观之间的关系，并指出以抗挫折能力为代表的心理调节能力对师范生的发展具有积极的作用（范洪辉、刘远君、张旭东，2014；刘旭辉、范洪辉、岑延远，2014）。抗挫折能力又被称为抗逆力（resistance），与之相类似的概念还有心理弹性、心理复原力[①]等，相关的研究也指出，师范生的心理弹性与其职业使命感、生活满意度、自我和谐感等均具有显

[①] 心理弹性和心理复原力两个概念的英文原文均为psychological resilience，它指的是个体对外界环境变化的一种动态的心理反应状态，在这一状态中，个体心理存在一定的弹性空间，即个体能够基于变化的环境对心理进行调节。对于不同的个体，这种弹性空间的大小或调节能力的强弱存在差异，即类似于此处提及的抗挫折能力的差异。

著的关系（张蓓，2019；张本钰、张锦坤、陈梦玲，2012）。俞锋（2020）探讨的则是师范生的心理调节能力与就业压力之间的关系，并指出师范生亟须提高心理调节能力以应对就业过程中面临的各种压力，从而得到良好的发展。而师范生的心理调节能力与就业压力、就业焦虑之间的关系也得到了多项研究的证实（温春勇、叶晓红，2018；张本钰、张锦坤、陈梦玲，2012）。

对于师范生的各类心理调节能力，学者们将其归纳为师范生的心理素质，并对其结构、特征、模型等进行了研究（贺雯，2003；张景焕 等，2008；张景焕、张承芬、常淑敏，2004）。尽管学者们对师范生心理素质的结构、特征、模型的认识各不相同，但对于其对师范生的作用研究结论大体一致，即认为心理素质无论是对师范生个体的身心发展，还是对师范生在校学习和接受师范培养，抑或对其今后的教师生涯发展都具有积极的作用。因此，提升师范生的心理素质或与之相关的心理调节能力，对于师范生的发展而言，既是必需的，也是必要的。

3. 与学生发展相关的能力

促进教育对象积极、健康发展是教育实践的重要目标之一。例如前文所述的师范生应当具备的一些能力可以通过教学实践、知识传递、师生交流等形式促进学生的发展。除此之外，师范生还需具备一些直接与学生相关，能够促进学生发展的能力。

对于与学生发展相关的能力，有学者将其概括为开展学生发展指导的能力，其中"学生发展指导"指的是学校和教师对学生进行的学业发展、心理发展、生涯发展等各方面的指导与服务的一系列综合性活动（束晓霞，2014）。发展指导不同于教学指导，教学指导有固定的教学内容、教学目标、教学计划等，并且主要面向全体学生而开展；而发展指导既可以面向全体学生，也可以面向个别学生，主要针对的是学生在成长和发展过程中遇到的问题和困惑，因而往往没有固定的指导主题，即使有些共性的问题，在针对不同个体和群体学生开展发展指导的过程中，也会有针对性地进行调整。因此，对开展学生发展指导的能力的要求与前文所述的教学相关的能力是不一样的。

尽管"学生发展指导"在不同国家和地区的表述不甚一致，例如在美国的学者将其称为"辅导（guidance）""学生个性化辅导与服务（student personal guidance and services）""学校咨询（school counseling）"等，日本的研究则将其称为"学生指导""生活指导"等，欧洲一些国家和地区将其称为"学生指导与咨询"，我国台湾和香港地区则习惯将其称为"学生辅导""学生辅导服务"等，但已有的绝大部分研究都认为，开展有效的学生发展指导活动有助于促进学生积极、健康发展（Baker and Gerler, 2008; Wilkerson, Rachelle, and Hughes, 2013）。同时，开展学生发展指导也不仅仅是某一位，或某一类教师的职责，"毫不夸张地说，学校中的每个人都是教育者、指导者"（束晓霞，2015）。束晓霞（2015）的研究就指出，学校中的班主任、各学科的任课教师、心理教师，乃至同伴都可以成为学生发展的指导者。该研究还着重指出了各学科任课教师开展学生发展指导的优势，即指导的时机比较多、指导的形式多样化、指导的氛围较轻松等。由此可见，提升全体教师开展学生发展指导的能力，从而促进学生的积极发展，是当前教师教育实践中理应关注的内容之一。

除此之外，为提高中小学生的思想政治素质，促进中小学生的全面发展，开展学生思想政治教育工作的能力也是中小学教师乃至师范生应当具备的能力之一。早期的中小学思想政治教育工作主要是由学校党组织的相关负责人及德育等相关教师负责，例如1998年由教育部颁布并实行的《中小学德育工作规程》就指出，"学校党组织的负责人、主管德育工作的行政人员、思想品德课和思想政治课的教师、班主任、共青团团委书记和少先队大队辅导员是中小学校德育工作的骨干力量"。但随着对中小学德育工作认识的不断深入，学界和教育界都认识到，开展中小学思想政治教育并不仅仅是《中小学德育工作规程》中所提及人员的责任，全体中小学教师都应承担起这一责任，正如教育部于2017年颁布的《中小学德育工作指南》所述，在开展中小学德育工作的过程中要"充分发挥课堂教学的主渠道作用，将中小学德育内容细化落实到各学科课程的教学目标之中，融入渗透到教育教学全过程。"《中小学德育工作指南》还进一步指出要发挥其他课程的德育功能，"要根据不同年级和不同课程特点，充分挖掘各门课程蕴含的德育资源，将德育内容有机融入各门课程教学中"。

关于各学科教师开展学生思想政治教育工作能力的论述，"课程思政"理念及其实践最具有典型性。习近平总书记于2016年在全国高校思想政治工作会议上强调，要用好课堂教学这个主渠道，各类课程都要与思想政治理论课同向同行，形成协同效应。2019年4月，习近平总书记在以"办好学校思想政治理论课"为主题的座谈会上再次强调，"要坚持显性教育和隐性教育相统一，挖掘其他课程和教学方式中蕴含的思想政治教育资源"。在此基础上，"课程思政"的理念应运而生，将各类学科教学与学生思想政治教育相结合，将思想政治教育元素融入其他学科教学活动的"课程思政"实践日益得到关注。

2020年5月，教育部印发《高等学校课程思政建设指导纲要》，针对高校教师的课程思政建设能力提出了具体指导意见。其中指出，要"发挥好每门课程的育人作用"，"让所有教师、所有课程都承担好育人责任"。这从客观上要求全体教师将思政理念融入教育教学实践，正如该文件所指出的，要"提升教师课程思政建设的意识和能力"。尽管该文件以及"课程思政"的理念主要侧重于高校教学实践和大学生思想政治教育工作，但其对中小学教学实践同样具有指导意义，也对各学科教师开展学生思想政治教育工作的能力，尤其是将课程教学与思想政治教育工作相结合的能力提出了新的要求。因此，培养和提升开展思想政治教育的能力，以及将思政元素融入各学科教学的能力，亦是师范生培养过程中应当关注的能力之一。

4. 其他能力

除了以上提及的三类能力，其他还有一些能力尽管不能纳入以上3种类型之一，但对于师范生而言同样非常重要。例如创新能力，《国家中长期教育改革和发展规划纲要（2010-2020年）》指出，要"着力提高学生的学习能力、实践能力、创新能力"，并"加强创新能力考查"，将培养学生的创新能力提到了新的高度。没有创新能力的教师很难教出具有创新能力的学生，因此，提升教师和师范生的创新能力，既有助于教师和师范生的发展，更是培养和提升学生创新能力的必要条件（刘长宏、苑晓杰，2013；王云彪，2014；Trinidad et al.，2014）。再比如观察能力，观察能力是个体收集、判断外界信息的基本能力之一，作为教师，无论是在课堂教学中，还是在与学生的其他互动中，都需要敏锐地观察并捕捉有效信息，从而提升教学以及师生互动的效率（Müller et al.，2013；Noguera，2018），因此观察能力亦是师范生应当培养与提升的能力之一。又比如以师生沟通能力、家校沟通能力等为代表的人际沟通能力，同样是师范生培养过程中应当关注的能力之一，其中积极的师生沟通有助于优化师生关系，促进教育的良性发展（贾楠，2015）；有效的家校沟通是开展家校共育实践的重要前提（郑杏月、武新慧，2020）；高质量的同事沟通既有助于建立积极和谐的同事关系，也有助于团队合作的开展。

当然，与师范生发展有关的能力远不止于此，鉴于该内容并非本研究的重点，此处不再做赘述。

5. 总结

上文从与师范生教学实践相关的能力、与师范生个人发展相关的能力、与学生发展相关的能力以及其他一些能力4个方面出发，总结了当前师范生能力研究的主要领域。总的来说，无论是哪一种能力，主要都是从以下几个方面展开论述的。

第一，"是什么"，即该能力指的是什么，它有哪些具体的类型等。例如师范生的教学能力指的是师范生在教学实践中应当具备的一系列能力。它既可以从具体学科的角度出发，将其分为语文教学能力、数学教学能力等；也可以从能力结构的角度出发，将其分为教学设计能力、教学实施能力和教学反思能力等；还可以从具体能力的角度出发，将其分为课堂教学能力、信息化教学能力、实践教学能力、教材分析能力等。有学者就指出，确定职前教师相关能力的内涵，即对这些能力准确地进行界定，是开展职前教师能力研究的基础（Wade and Kim, 2018），如果缺少了对相关能力的界定，对这些能力的研究也便成了"无的放矢"。

第二，"有何用"，即探讨该能力对师范生的作用。总的来说，已有研究都指出，上文提及的各种能力对师范生有着积极的作用。例如，毛明勇（2007）指出，网络教学在一些学科的教学中有着不可比拟的优势，教师网络教学能力的提高对教育教学改革有着积极的意义。这种能力在此次新型冠状病毒肺炎疫情中体现得尤为明显，教师开展网络教学的能力对保障教学质量、提升学生能力都有着积极的作用（胡小平、谢作栩，2020）。

总结而言，这些能力对师范生的作用与上述能力的分类是相一致的：首先，相关能力的提升能够促进教学质量的提升，例如相关研究指出，教学监控能力（赖青，2011）、探究式教学能力（李岩楠，2017）、分析教材的能力（聂桐彤 等，2020）等对提升教学质量都有着积极的促进作用。其次，相关能力的提升能够促进教师的积极发展，其中既包括教师的自我发展和生涯发展（Park, 2018; Slomp, Gunn, and Bernes, 2014; Young, 1995），也包括教师的身心健康发展（温春勇、叶晓红，2018；张本钰、张锦坤、陈梦玲，2012）。最后，相关能力的提升能够促进学生的积极发展，其中既包括学生学业的发展，也包括学生身心健康的发展（束晓霞，2015; Baker and Gerler, 2008; Wilkerson, Rachelle, and Hughes, 2013）。

第三，"谁影响"，即讨论该能力的影响因素有哪些。对师范生相关能力影响因素的研究相对比较零散，这种零散体现在两个方面：一是涉及的能力领域比较零散，上文提及的各种能力几乎都有涉及；二是影响因素比较零散，既有教师方面的因素，也有学校方面的因素，还有社会方面的因素。总结而言，师范生相关能力的影响因素可以总结为主观和客观两大方面：主观方面，主要涉及教师自身方面的一些因素，例如师范生学习的主动性和能力（龚炜，2010）、相关知识掌握的程度（谭军，2018）、相关经验（付晓，2012）、职业态度（罗晓、杨俊茹、李慧，2004）等；客观方面，主要涉及一些师范生自身不能掌握，但客观上也对师范生的相关能力造成影响的因素，例如地区的差异（王鸯雨，2019）、学校的差异（余琼、王长江，2019）、软硬件条件差异（余琼、王长江，2019）等。

第四，"怎么做"，即探究培养和提升该能力的方法。对于"怎么做"的探讨，当前研究的路径主要有3个，即3个"不同"：不同的类型，不同的视角，不同的方法。

不同的类型指的是当前研究关注师范生不同类型能力的提升，例如除了众多研究都最为关注的教学能力提升（肖仕琼，2014）以外，还有的研究关注师范生核心就业能力（罗福建，2011）、实践能力（杜富裕，2015）、信息技术能力（张凯，2012）等能力的提升。总的来说，依然是前文提及的师范生应当具备的4大方面的能力，包括教学相关的能力、促进教师发展的能力、促进学生发展的能力以及其他一些能力。

不同的视角指的是在思考如何提升师范生的能力时，不同的学者所基于的视角是不一样的，例如教育的现代化发展和现代教育技术的不断更新，客观上对现代教师提出了新的要求，因而田春艳（2009）基于现代教育视角提出了师范生能力提升的一些建议；还有学者从教师专业发展的视角出发，探讨了通识教育对师范生能力提升的作用（马晓春、郭崇林、姜洪泉，2014）；此外，从"课程思政"的视角出发，探讨师范生能力的提升，将"教书"与"育人"有机地结合起来，亦是近年来师范生能力提升的热点视角（李丽，2019；沈田青，2019）。众多的视角为提升师范生的各项能力提供了不同的思路。

不同的方法指的是不同学者提出的关于如何提升师范生能力的建议也各不相同，例如周仕荣（2007）认为，同伴互助指导能够为师范生的学习和教学提供一种维持性的平等环境，故而建议采用同伴指导的方法来提升师范生的学习和教学能力；刘霄（2009）则指出，"三全培育"的模式（即强调全面培育、全程培育、全员培育的师范生培育模式）对提升师范生的能力具有积极的作用；乔明文（2009）则从研究的角度指出，教育行动研究作为近年来兴起的一种教学理论和研究方法，能够很好地解决理论与实践脱节的问题，能够弥补师范生理论学习与实践能力之间的差异，进而提升师范生的能力。总之，此三例仅为众多提升师范生能力方法中的一小部分，关于师范生能力提升的方法还有很多，但这些方法的具体效果如何，仍然需要研究和实践加以验证。

（二）研究方法

前文展示了师范生能力研究的主要内容，在研究这些内容的过程中，学者们使用了不同的方法。总的来说，主要的研究方法可以分为三大类，即量的研究方法、质的研究方法和理论思考方法。

1. 量的研究方法

在量的研究方法方面，研究者主要采用的是问卷调查法和实验法对师范生的相关能力进行研究。其中，问卷调查法即通过相关的问卷和量表，对师范生的相关能力进行测查，进而加以分析。例如Ocak和Karakus（2015）就基于测量学的方法，编制了专门用于测查职前教师能力的问卷；王忠华和翟璟（2020）利用自编的问卷，对师范生深度学习的反思能力及其影响因素进行了调查，并指出当前师范生的反思能力尚有待加强；Avsec和Jagiello-Kowalczyk（2018）利用问卷调查职前教师对科技的态度对于其科技创新能力的影响。总的来说，利用问卷对师范生的能力进行研究大体上有两条路径：一是利用问卷进行大规模测查，以了解师范生某一项具体能力的现状，例如Ocak和Karakus（2015）的研究；二是利用综合运用能力问卷和其他相关的问卷，调查师范生的能力与其他特质的关系，进而对师范生能力的影响因素、预测因子等进行综合调查，例如Avsec和Jagiello-Kowalczyk（2018）的研究。

除了问卷调查，量的研究方法中还涉及实验研究的方法。例如户清丽和李家清（2020）采用动态评估实验的方法，在师范生实习的不同时期对其进行评估研究，进而掌握师范生在实习期间能力变化的特点与趋势；Nousheen等人的研究则通过实验组和控制组对照实验，探讨可持续发展教育（education for sustainable development，ESD）对职前教师可持续发展能力的作用（Nousheen et al.，2019）。总的来说，与问卷调查法不同的是，通过实验法开展师范生能力研究主要集中于能力提升方面，即通过实验的方法（最为典型的就是实验组和控制组的随机对照实验）来验证某种方法对提升师范生能力的作用。

2. 质的研究方法

在质的研究方法方面，涉及比较多的是观察法和访谈法。例如，Agurtzane 和 Nerea（2019）通过对不同案例中职前教师行为以及其与学生互动情况的观察，分析职前教师的互动模式与互动能力；同样地，泰国的一项研究也使用了观察研究的方法，该研究团队通过对职前教师在学校、在课堂、在反思活动等环境中的行为表现，探索课程学习团队（lesson study team）对提升职前教师能力的作用（Boonsena，Inprasitha，and Sudjamnong，2019）。

除了观察法，对师范生能力研究最为常用的质的研究方法还包括访谈法。如前文第一章所述，在胜任力的研究中，最常用的方法就是访谈法，其中较为典型的包括行为事件访谈法（behavioral event interviews）和结构式访谈法（structured interviews）。而师范生能力的访谈研究亦是如此，例如 Lin 等人的研究就是通过行为事件访谈的方法，对职前教师的跨文化能力（包括跨文化交流、跨文化教学、跨文化研究等）进行了研究（Lin，Chan，and Denner，2013）；Kimbrough 等人的研究则采用了半结构化访谈的方式对职前教师的反思能力进行了探讨（Kimbrough，Davis，and Wickersham-Fish，2008）。

总结来看，通过质的研究方法对师范生能力开展研究，主要的思路是通过对访谈或观察而获得的文本资料进行编码和分析，从而归纳出文本资料中的特点，基于这些特点来分析师范生各项能力的发展情况、现状特点、影响因素等内容。

3. 理论思考方法

除了通过科学的方法对师范生的相关能力开展研究以外，还有学者通过理论思辨的方法，基于已有的文献、研究的经验、实践的体会等对该领域进行了探讨。总的来说，基于理论思考的研究主要有以下几种路径：

一是从较为宏观的层面对师范生的能力及其培养进行探讨。例如徐红和董泽芳（2019）就从较为宏观的层面对当前我国教师专业发展机制提出了八大建议，包括师范生公费教育政策机制、健全教师资格认证机制、改良教师教育课程运行机制、优化新招录教师岗前培训机制、创新教师校本培训机制、革新教师自学研修机制、完善"国培计划"执行机制和改进"G-U-S"三位一体协同培育机制等，其中很多都涉及师范生能力的培养与提升；李保强和白文昊（2020）近期的研究则是详细回顾了从新中国成立以来，我国教师教育研究的发展历程，并指出，这一发展历程经历了回应师资队伍短缺问题、创建教师教育学科和助推教师教育整体转型3个历史阶段，这一回顾对当前和未来我国的师范生培养与教育有着积极的意义。从以上两例不难看出，从宏观的层面对教师教育进行探讨，能够从一个较高的层次对师范生培养的方向和方法进行把握，但很显然，对研究者的知识储备、思辨水平和视野也同样有着很高的要求。

二是结合某些社会或教育背景，对师范生的能力开展探讨。例如梁福成（2019）就基于师范类专业认证[①]背景，具体分析了师范类专业认证对师范生培养模式的完善以及师范生能力提升的促进具有哪些积极的作用，而基于师范类专业认证的背景开展师范生能力的探讨也是近年来师范生能力研究的热门领域（胡万山，2018；刘河燕，2019）；再比如，近年来"卓

---

① 《教育部关于印发〈普通高等学校师范类专业认证实施办法（暂行）〉的通知》（教师〔2017〕13号）指出，认证工作以"学生中心、产出导向、持续改进"为基本理念，师范类专业实行三级监测认证：第一级定位于师范类专业办学基本要求监测，第二级定位于师范类专业教学质量合格标准认证，第三级定位于师范类专业教学质量卓越标准认证。

越教师培养计划"①是教师教育和师范生培养领域的热点话题，因此也有学者基于该背景，对师范生能力的相关问题进行了一些探讨（赵晓光、马云鹏，2015；钟勇为、程思慧、蔡朝辉，2016）。从以上两例可以看出，师范生能力的提升离不开社会和教育的大背景。

　　三是基于比较教育学的思路，开展不同地区、不同国家的比较研究。例如王晓芳和周钧（2019）以新加坡师范生教育实习质量保障机制为切入点，探讨了这一机制对师范生能力提升的作用；张琳和约克·沃格特（2019）讨论的则是荷兰经验，他们探讨的是融于学科的师范生信息化教学能力的培养与提升；塞世琼和周钧（2017）介绍了加拿大布鲁克大学"4+2 教师教育项目"的内部质量保障体系，并指出了该保障体系对我国师范生培养的借鉴意义。其实，围绕师范生能力领域的跨地区、跨文化研究还有很多，涉及的地区也很多，例如涉及我国港澳台地区（黄嘉莉、陈宥仔、桑国元，2019；王夫艳，2012）、英国（兰英、张博，2009）、芬兰（周钧、公辰，2016）、德国（李源田、王正青，2012）、美国（张梦雨、陈倩娜、周钧，2016）等，篇幅所限，此处不再一一赘述。总的来说，尽管存在地区差异和文化差异，我们不能简单照搬照抄其他国家和地区的经验，但结合我们的国情和教育实际，积极地吸收其他国家和地区的有益经验，相信对我们师范生的培养也是不无裨益的。

---

①　教育部于 2014 年印发了《关于实施卓越教师培养计划的意见》（教师〔2014〕5号），旨在通过实施卓越教师培养计划，推动举办教师教育院校深化教师培养机制、课程、教学、师资、质量评价等方面的综合改革。此后，为培养造就一批教育情怀深厚、专业基础扎实、勇于创新教学、善于综合育人和具有终身学习发展能力的高素质专业化创新型中小学教师，教育部于 2018 年发文实施卓越教师培养计划 2.0，这是为贯彻《中共中央国务院关于全面深化新时代教师队伍建设改革的意见》决策部署，落实《教育部等五部门关于印发〈教师教育振兴行动计划〉（2018—2022 年）的通知》（教师〔2018〕2号）工作要求，根据《教育部关于加快建设高水平本科教育全面提高人才培养能力的意见》实施的卓越教师培养计划升级版。

（三）局限之处

以上研究较为全面地展示了有关师范生能力的研究领域、研究内容、研究方法、研究结论等，为进一步开展师范生能力的研究提供了较为全面的参考。但是，需要注意的是，围绕本研究的主题，即乡村定向师范生心理健康教育工作的胜任力研究而言，以往的研究中还有几点需要注意：

第一，对师范生能力的研究尚未形成体系，没有从整合结构的角度来研究师范生的能力。具体而言，以往有关师范生能力的研究多从某一个单独的能力出发，探讨师范生能力的特点或提升路径。但是我们知道，师范生需要具备的能力并非只有某一种或某几种，也不是某几种能力的简单加总，而应当是一个有机的整体，即能力的完整结构。正如教育部师范司编写的《教师专业化的理论与实践（修订版）》所指出的，教师的教学能力可以分为教学设计能力、教学实施能力和学业检查评价能力三大类，这三类能力有机整合，共同形成了教师教学能力的结构特征。而教学能力也仅仅是教师和师范生应当具备的能力之一，除此之外那些能够促进教师和学生发展的能力，包括教育科学研究能力、实践创新能力、思想政治教育能力，以及本研究所关注的开展学生心理健康教育工作的能力等也都应当纳入师范生能力结构之中。因此，如能从更宽泛的角度，而不仅仅限定于某一种能力来研究师范生的能力，建立师范生能力结构的整合模型，对师范生的培养应当更具有借鉴意义。

第二，以往有关师范生能力的研究尚缺少对心理健康教育能力的关注。如前文综述所言，当前有关师范生能力的研究涉及范围很广，师范生的教学能力、与教师发展相关的能力、与学生发展相关的能力等均有学者加以关注。然而，对师范生心理健康教育能力的关注却非常缺乏，或者仅仅关注专职心理健康教师从事心理健康教育工作的能力。但如"选题缘起"部分所言，心理健康教育能力是全体中小学教师都应当具备的能力之一。此外，考虑到农村地区儿童心理与行为问题突出，且心理健康教育师资紧缺的现状，提升乡村定向师范生的心理健康教育能力亦是农村地区教育发展实际的客观要求。因此,对于师范生,尤其是乡村定向师范生心理健康教育能力的研究是迫切需要的。

第三,有关师范生能力提升的研究主要限于理论思考,缺乏可行的实践。当前,有关师范生能力的培养与提升研究很多,即上文提及的"怎么做",如前文所述,这些研究从不同的类型、不同的视角、不同的方法等角度对该问题进行了探讨。但需要注意的是,大多数有关师范生能力培养与提升的研究都是从理论思考的角度出发,或基于主观的思辨、或基于文献的查阅对如何提升师范生的相关能力提出了不同的建议,尽管这些建议对提升师范生的相关能力确实具有一定的借鉴意义,但不可否认的是,这些建议可能在科学性和可行性方面尚存在一些不确定性:一方面,就科学性而言,大多数建议是基于理论思辨而产生,没有经过科学研究的验证,它们对提升师范生的相关能力是否真的有效,还值得商榷;另一方面,就可行性而言,同样由于大多数建议是基于理论思辨而产生,没有经过实践的检验,在现实的师范生培养过程中能否适应不同地区、学校、专业等很多差异,很好地适用于师范生的实际培养,也有待进一步验证。

二、乡村定向师范生研究的综述

如前文"核心概念界定"部分所述,江苏省从2016年起开展乡村教师定向培养工作,但类似的乡村教师培养工作却由来已久,早在2000年教育部就在工作要点中指出,要"加强薄弱学校和农村地区的教师队伍建设"。为此,国务院办公厅于2007年颁布了《教育部直属师范大学师范生免费教育实施办法(试行)》,决定在教育部直属师范大学实行师范生免费教育,要求免费师范毕业生应先到农村义务教育学校任教服务二年。2018年,国务院办公厅印发的《国务院办公厅关于转发教育部等部门教育部直属师范大学师范生公费教育实施办法的通知》再次明确了公费师范毕业生赴农村任教的年限。总的来说,与国家层面的免费(公费)师范生相比，地方层面的乡村定向师范生的"定向性"更强。所以，本部分以乡村定向师范生为主，同时兼顾免费（公费）师范生，对该类研究加以综述。

总的来说，乡村定向师范生、免费（公费）师范生都隶属于师范生群体，因而很多针对师范生群体开展的研究，在这些群体中也多有涉及，特别是师范生能力的培养与研究。除此之外，围绕该群体的特点，学者们也开展了一些有针对性的研究，这些有针对性的研究主要涉及以下几个方面。

（一）培养机制与成效研究

该类研究着眼于宏观层面，主要探讨的是乡村教师定向培养工作应当如何开展，以及当前这项工作面临的问题和实际成效。

总的来说，学者们较为一致地认为，乡村教师定向培养工作以及免费（公费）师范生的培养取得了较为显著的成效，为农村地区提供了较为优质的师资（蒋蓉 等，2019；沈红宇、蔡明山，2019）。例如陈蓓（2019）的研究通过对江苏省部分乡村定向师范生开展调查，充分展示了江苏省近年来乡村教师定向培养工作取得的一些成效。

当然，在取得成效的同时，乡村教师定向培养工作仍然面临着一些挑战。辛宪军和徐新萍（2020）近期的研究指出，乡村教师定向培养工作能够为农村地区学校提供优质的师资，一定程度上破解城乡学校师资差异较大的问题，但是当前这项工作也面临着一些困境，包括生源质量参差不齐、相关机制不够健全、定向培养的师范生学习动机不足、定向培养工作的育人成效存在较大差异等。此外，由于考虑到职业能力的提升、职业生存状况、相关政策方面的问题，乡村定向师范生的招生还存在招录不足的问题（泮梦婷、黄兴帅，2017）。可见，尽管乡村教师定向培养的工作能够取得不错的成效，但是仍有很多需要进一步改进之处。

（二）能力培养与提升研究

和普通师范生一样，乡村定向师范生也需要提升一系列的能力，包括前文所总结的与教学相关的能力、与自身发展相关的能力、与学生发展相关的能力等。除此之外，针对该群体，学者们还尤为强调了其他一些方面的能力，其中最典型的就是对于农村地区和农村学生的理解能力（杨欣辉，2019），乡村定向师范生的培养着眼于乡村师资的储备，因此在培养的过程中需要特别关注的就是该师范生群体对当代农村的认识，他们能否正确地认识农村地区的生活和教育实际、能否正确理解农村地区儿童心理与行为发展的规律与特点、能否将师范生培养过程中的所学与农村实际相结合，这是关乎乡村定向师范生能否深入农村、扎根农村的关键所在，因此也是该群体尤为需要关注的能力之一。周大众（2019）将该能力归纳为"亲和乡土"的人文素养。

此外，对于乡村定向师范生而言，还有一些能力和素质也是学者们所关注到的。例如曾晓洁和蒋蓉（2018）强调乡村定向师范生需要关注职业道德素养的提升，在这其中，他们特别指出，对于乡村定向师范生而言，除了普遍意义上的教师职业道德素养以外，乡村教育情怀也是该群体需要具备的职业道德素养之一。曾晓洁（2017）从教育教学改革，尤其是农村教育改革的角度出发，提出教育变革力是农村定向师范生应当具备的一项关键能力。对于这一系列能力，周大众（2019）将其总结为"乡村定向师范生的卓越潜质"，这其中包括"亲和乡土""志乡村教育之业""协同内外""实践—反思—提升—表达"等4个方面，这四个方面分别从人文素养、教育情怀、资源整合能力、实践行动能力等四个角度对乡村定向师范生应当具备的能力进行了较为全面的概括。

最后，需要指出的是，在众多关于乡村定向师范生能力研究中，尚缺少有关开展中小学心理健康教育能力的研究。正如前文所指出，一方面，农村地区儿童心理与行为问题的高发，倒逼农村教师必须关注他们的心理健康与成长；另一方面，农村地区师资紧缺的现状客观上要求全体教师必须承担起心理健康教育工作的职责。因此，有必要在研究领域补齐这一块短板，也在客观上起到完善农村师资能力结构的作用，进而促进农村地区儿童的健康成长。

（三）学生心理与特质研究

对于乡村定向师范生的研究，还有学者关注到了该群体的心理与特质，既有学者研究了该群体在入学之前的报考动机，也有研究关注到的是他们即将毕业之际的从教意愿。

对于报考动机，泮梦婷和黄兴帅（2017）通过问卷调查，将其总结为：乡村教育事业热爱型、家庭减负型、编制减压型、高考分数限制型和父母包办型五类，其中尤以编制减压型最具有代表性。赵喜迎等学者通过问卷调查、质性分析等方法，对江苏省首届乡村定向师范生的报考动机进行了研究，结果发现，高考学生在填报乡村定向师范生的志愿时，主要考虑的因素包括毕业后的就业因素、职业理想因素、高考成绩因素、经济回报因素等（赵喜迎、江宇，2018）。

对于从教意愿，尤其是赴农村地区从教的意愿，赵喜迎（2019）以体艺类乡村定向师范生为例开展的问卷调查研究显示，乡村定向师范生的从教意愿总体状况良好，但来自不同地区的定向师范生的从教意愿存在明显的差异。进一步分析显示，乡村定向师范生本身的职业理想信念、与城市教师同等的工资福利待遇是提升该群体从教意愿的重要因素，反过来讲，乡村教师工资低和乡村办学条件较差是定向师范生从教最为担忧的因素。另一项关于乡村定向师范生毕业后从教意愿的调查也显示，愿意回到农村地区任教的乡村定向师范生所占的比例很高，但值得关注的是，愿意扎根农村，长期在农村地区执教的比例还是相对较低的（段志贵、宁耀莹、陈馨悦，2020）。研究者在文章最后指出，提高乡村定向师范生回乡任教意愿需要培养高校、教育主管部门、乡村中小学等多方联动，既需要在师范生培养的过程中强化并提升该群体的乡村教师职业认同，也需要创设有利于定向师范生奋斗进取的社会环境，当然也离不开相关政策的落实与保障。

总结而言，无论是免费（公费）师范生的政策，还是乡村教师定向培养工作都是近年来逐渐成熟完善的，因此针对该领域的研究尚不多。基于为数不多的研究，我们可以将其总结为以下几点：第一，思考如何"进得来"，即探讨如何引起更多优秀的学子来报考免费（公费）师范生和乡村定向师范生，为农村地区培育优秀的师资。第二，思考如何"学得好"，即探讨如何提升免费（公费）师范生和乡村定向师范生的相关能力。第三，思考如何"下得去"，即探讨如何提升免费（公费）师范生和乡村定向师范生的从教意愿，尤其是赴农村地区的从教意愿。第四，思考如何"留得住"，即探讨如何让免费（公费）师范生和乡村定向师范生都能扎根农村、坚守农村，长期为农村教育事业"添砖加瓦"。

三、胜任力研究的综述

当前文献中有关胜任力的研究众多，涉及领域非常之广，例如商业销售人员的从业胜任力（Das, Pathak, and Singh, 2018）、数字化劳动的胜任力（Mok and Berry, 2017）、科学胜任力（Andreas, John, and Miyako, 2007）、中小学教师的教学胜任力（徐建平、张厚粲，2006）等。但是，考虑到本研究主要涉及的是心理健康教育工作胜任力，故该部分主要以心理健康教育以及相关领域[①]的胜任力（例如心理咨询、心理治疗等领域）为例，对胜任力的相关研究加以综述。

如前文所述，胜任力的科学研究始于泰勒的"管理胜任运动"。此后，McClelland 于 20 世纪 70 年代起对其开展了系统的研究。再之后，

[①] 心理健康教育以及相关领域的从业者众多，在国内，该领域的从业人员大体可以分为两类，一类是专职从事心理健康与心理健康教育工作的群体，该群体主要包括各级各类学校的专职心理健康教师、医疗机构（例如医院精神科、心理科）的心理治疗师、企业中从事员工心理帮扶的 EAP（employee assistance program，EAP）咨询师、社区和民政组织的社会工作者，以及社会机构中的心理咨询从业人员等。另一类是非专职从事心理健康教育工作的群体，主要包括德育和思想政治教育工作者，例如在中小学中，德育教师承担着大量的心理健康教育工作，高校辅导员也是开展大学生心理健康教育工作的重要群体。与之相比，国外从事心理健康教育以及相关领域工作的群体较为单一，主要是专职心理教师和临床心理治疗师。

Boyatzis、Raven、Spencer 夫妇、Kaslow、Hoge 等学者相继开展了有关胜任力，尤其是心理健康领域的胜任力研究。总的来说，胜任力包含 3 个核心要素：第一，可区分性，即胜任力可以有效区分特定工作实践中的卓越者与普通者。第二，可测量性，即胜任力必须是可以被精确地操作定义，并在此基础上被准确测量到的。第三，可塑造性，即胜任力作为特定工作场景中的劳动者所具备的一种能力特征，是可以通过培训和干预而得到提升的。

除了以上概念的界定，有关胜任力，尤其是心理健康领域的胜任力研究还包含以下几个主要方面。

（一）胜任力的分类

前文"核心概念界定"部分提到，在 Spencer 夫妇（Spencer and Spencer，1993）对胜任力的界定中，他们认为，任何可以被准确测量并且能够区分特定工作中表现优异者与表现普通者的特征都可以被纳入胜任特征之中，既包括人格特质、行为动机、态度价值观等心理特征，也包括知识、技能等与工作相关的能力储备，甚至包括自我形象等外在特质。总的来说，他们把胜任力划分为两大类型，一是以知识和技能等为代表的那些表层的胜任特征，二是与心理特征相关的深层胜任特征。他们还进一步指出，相比表层的胜任力特征，那些深层次的胜任力特征才是决定人们在特定工作中行为效率的关键因素。

进入 21 世纪，一场"胜任力运动"（competency movement）逐渐兴起，在这一运动中，胜任力领域的学者们从全新的角度开始对胜任力进行界定，制定胜任力的相关标准，开展胜任力的评估等，当然，这其中也包括对胜任力类型的划分（Epstein，2007；Hoge et al.，2005；Leigh et al.，2007）。基于此，美国心理学会（APA，2002）指出，心理学相关工作作为一项专业性极强的工作，相关从业人员必须具备一定的胜任力。围绕心理学，尤其是心理健康相关领域的从业人员应当具备的胜任力特征，学者们进一步探讨了胜任力的类型划分，例如 Sands 等人（2013）指出，心理测验、心理干预、心理咨询、评估与测评、心理督导、心理健康相关的教学等应当是该群体需具备的胜任力特征。此外，较为典型的就是 Kaslow（2004，2008）的两分法，他指出，心理学工作者应当具备职业操守、了解个体与文化差异、较好的人际能力、正直诚实、富有责任感、关心他人、专业认同等胜任力特征，并在此基础上将心理学从业人员应当具备的胜任力特征划分为"基础性胜任力"（foundational competencies）和"功能性胜任力"（functional competencies）两大类。

基础性胜任力指的是开展包括心理健康教育在内的人际指导活动都应具备的一些胜任力特征，包括"专业性特征"（professionalism）（Elman，Illfelder-Kaye，and Robiner，2005；Stern，2006）、"实践反思的能力"（reflective practice）（Belar et al.，2001；Elman et al.，2005；Hatcher and Lassiter，2007）、"科学的知识与方法"（scientific knowledge/methods）（Bieschke et al.，2004）、"理解人际关系、个体以及文化多样性的能力"（relationships，individual and cultural diversity）（APA，2003，2004，2007；Arredondo et al.，1996；Division，2000）、"理解法律与政策的标准"（ethical-legal standards and policies）（de las Fuentes，Willmuth，and Yarrow，2005）、"开展跨学科研究与实践的能力"（interdisciplinary systems）等内容。

功能性胜任力主要是针对开展心理健康工作，例如进行心理咨询、心理治疗、心理辅导等应当具备的、有别于其他咨询指导活动的胜任力，包括"心理测评的能力"（assessment）（Krishnamurthy et al.，2004）、"心理干预的能力"（intervention）（Spruill et al.，2004）、"心理咨询的能力"（consultation）（Arredondo et al.，2004）、"开展研究或评估的能力"（research/evaluation）（Bieschke et al.，2004）、"心理督导的能力"（supervision）（Falender et al.，2004；Falender and Shafranske，2004，2007），以及与心理健康有关的"教学、管理和宣传能力"（teaching，administration，and advocacy）。

除了 Kaslow 的两分法以外，对于专业心理学领域胜任力的另一个较为权威的分类方法源自 2002 年在美国召开的国际胜任特征会议（Competencies

Conference），该会议于2002年11月7日至11月9日在美国亚利桑那州的斯科茨代尔（Scottsdale，Arizona）举办，会议由美国心理学博士后和实习中心协会（APPIC）主办。会议旨在促进与胜任力鉴定、培训和评估有关的持续合作；促进更多群体（包括培训、教育、社会服务等）之间的联系，以便更好地培养具备胜任力的心理学专业从业人员；提高专业心理学从业人员的胜任力；更好地服务和保护专业心理学服务领域的消费者。此外，会议还着重指出，专业心理学从业人员的胜任力可以划分为两种类型——核心胜任力（core competencies）和特殊胜任力（specific competencies）。在会议上，核心胜任力被定义为"所有提供健康和人文服务的从业人员都应当具备的胜任力特征"（Core competencies were defined as competencies required by all health- and human-service providers and educators in psychology），即所有心理健康工作者都应具备的胜任力特征；特殊胜任力被定义为"并非所有提供健康和人文服务的从业人员都需要具备的胜任力特征，这些胜任力特征需要根据具体的实践领域所确定"（Specific competencies were defined as those needed for some, but not all, health- and human-service providers and educators in psychology, depending on the intended area or setting of practice），即某些具体的实践领域所需的胜任特征。例如婚姻家庭领域的心理健康工作者除了具备核心胜任力特征以外，还应当具备针对婚姻家庭领域的相关胜任力，包括使用家庭心理治疗方法的能力、使用配偶与婚姻测验的能力；再比如，儿童心理健康领域的从业人员除了具备核心胜任力特征以外，还应当掌握儿童心理发展的相关知识，具备与儿童开展交流的技能，掌握儿童心理与行为干预的方法等。

在此基础上，此次会议的很多议题都是围绕核心胜任力而展开的，例如会议的主要目标之一就是界定核心胜任力（More specific goals of the conference were to identify core competencies），而这一目标的制定与实现离不开与核心胜任力密切相关的3个理念：第一，核心胜任力是可以被界定的；第二，核心胜任力是可以通过培训而得以提升的；第三，核心胜任力是可以被测量的（a. core or foundational competencies can be identified, b.

individuals can be educated and trained to develop these core competencies, and c. core competencies can be assessed）。

最终，会议将"核心胜任力"归纳为 8 个方面，分别是：①心理学及其研究的科学基础（scientific foundations of psychology and research）。②专业心理学领域的伦理、法律、公共政策和专业问题（ethical, legal, public policy/advocacy, and professional issues）。③心理督导的能力（supervision）。④心理测验与评估的能力（psychological assessment）。⑤理解个体和文化差异的能力（individual and cultural diversity）。⑥开展心理干预的能力（intervention）。⑦咨询与跨学科关系（consultation and interdisciplinary relationships）。⑧专业成长（professional development）。

基于以上综述可以看出，对于胜任力的分类，学者们普遍采用的是两分法，无论是 Spencer 夫妇"表层胜任特征"和"深层胜任特征"的划分，还是 Kaslow"基础性胜任力"和"功能性胜任力"的划分，抑或国际胜任特征会议上"核心胜任力"和"特殊胜任力"的划分，都是将胜任力划分为两大类。

但具体分析来看，这几种分类也有所不同：其中 Spencer 夫妇"表层胜任特征"和"深层胜任特征"的划分是基于胜任力的层次进行划分，表层胜任力的层次较浅，主要指的是胜任某项工具需要具备的一些基础的个人特质；深层胜任力的层次则较深，主要指的是能够将特定工作中的一般绩效者与卓越绩效者区分开的个人特质，也有学者将其称为"基准性胜任特征"和"鉴别性胜任特征"。

而 Kaslow"基础性胜任力"和"功能性胜任力"的划分以及国际胜任特征会议上"核心胜任力"和"特殊胜任力"的划分则是基于胜任力的领域进行划分，即在不同的实践领域中，心理学的专业从业人员所需的胜任力也有所差异。但本质上来说，Kaslow 和国际胜任特征会议的类型划分是一致的，就连 Kaslow 本人也认为，两种分类本质上是一致的，甚至在研究中将这两种分类替换使用（Kaslow et al., 2004）。

（二）胜任力的评估

在上文对胜任力概念的界定中，胜任力的核心要素包含三点，分别是可区分性、可测量性和可塑造性。其中，可测量性探讨的就是胜任力的评估与测量的问题，即胜任力必须是可以被精确地操作定义，并在此基础上被准确测量到的。因此，从胜任力研究兴起之初，学者们就一致在探讨如何对胜任力开展精确的测量，尤其是从上文提及的21世纪初兴起的"胜任力运动"开始，大量的研究开始关注胜任力的评估问题（Bandiera, Sherbino, and Frank, 2006; Kaslow et al., 2007; Roberts et al., 2005）。除了心理健康领域，一些有关胜任力评估的原则和方法还被运用于教育、培训、认证、终身学习等领域的胜任力评估（Kaslow et al., 2007b）。

总的来说，对于胜任力，尤其是心理健康相关领域胜任力的评估方法和内容是多样的，例如Petti（2008）用911名学生和52名考官连续十年以上的标准数据对心理学博士生临床胜任特征进行了评估。他在研究中指出，尽管对心理学临床干预胜任力的评估是临床和咨询心理学培训过程中的重要内容，但对胜任力的评估还存在很多困难，因此在该研究中，研究者开发了临床能力进度审查（clinical proficiency progress review，CPPR）用以评估临床心理学专业三年级实习生的临床胜任力。这就是典型的对专业心理学胜任力评估的案例之一。再比如，Sharpless和Barber（2009）回顾了临床心理学中对干预能力的不同评估方式，在他们的文章中，作者首先讨论了与心理健康从业者的干预能力有关的几个基本问题，在此基础上，他们详细讨论了现有的对胜任力的评估方法，并指出"应该使用新的、综合性的评估方式"（We argue for the use of new and multiple assessment modalities）。最后，作者们还讨论了大规模能力评估和教育（large scale competence assessment and education）的一些潜在障碍，例如治疗取向的异质性（the heterogeneity of therapeutic orientations）、在临床培训中缺乏透明度（a lack of transparency in clinical training）等情况。

以上两例展示了胜任力评估的一些研究取向和研究内容。尽管内容和形式多样，但总结这些研究不难看出，对心理健康相关领域的从业人员胜任力的评估大体有4个方面的内容：

第一，知识评估，即考察被评估者对心理学和心理健康领域的相关概念和原则的掌握情况。对于该内容的评估，研究者们通常采用的是标准化考试，即通过考试的形式来考察被评估人员对有关事实、专业知识与概念、专业心理实践的原则及其基本应用的掌握情况。

第二，专业决策评估，即考察被评估者在面临心理健康个案时能否做出恰当、合理、准确的决策。对于该内容的评估，目前研究者们所常用的考核方式主要是基于书面个案、模拟个案、真实病人或被评估者自己的案例报告的口试等形式，考察评估对象在实践情境中的决策能力。

第三，工作表现评估，即考察被评估者在专业心理学的具体实践中的真实表现情况。对于该内容的评估，研究者们主要采用的评估方法包括评价者通过反复观察对被评估者的一般能力做出整体评判、督导叙事性的总结、报告、来访者满意度调查、案例记录评审、全方位调查、标准化病人评估等。

第四，实践技能评估，即考察被评估者在实践中是否掌握了必要的实践技能，主要用于评估态度、决策、技能以及具体的可观察的行为。对于该内容的评估，研究者们主要采用的评估方法有模拟法（模拟法指的是通过计算机化案例和真实案例模拟临床情境模拟心理干预、心理健康教育等情境）、检核表（checklist）或等级评定表（rating scales）测查等。

胜任力的评估能够帮助研究者、实践者准确把握评估对象的胜任力水平和特征。除此之外，Kaslow等人（2007）指出，胜任力的评估更有着深层次的作用：第一，胜任力的评估有助于对被评估者取得的改变和提升做出准确的评价，进而提高课程与培训项目的有效性，指导个体对进一步的教育与培训做出合理的选择，并最终促进整个专业心理学实践领域的发展。第二，基于以上胜任力提高课程与培训项目的不断完善，胜任力评估还有助于为民众提供高水平的心理健康服务人员，从而保护公众的利益。第三，如果某些能力不足的心理健康服务人员不能对他们的问题做出改进，以满足公众对职业规范的期望,那么胜任力评估还可以在筛选出不合格从业人员方面发挥把关功能。

尽管近年来,有关胜任力的评估得到了众多研究的关注,但是需要指出的是,胜任力的评估还存在一些困难,例如 Lichtenberg 等人(2007)将这些困难总结为如下五点:第一,在基础性胜任力和功能性胜任力的评估上,尤其是对它们各自潜在的子胜任力(essential subcomponents)的评估方面,一直以来都存在争议;第二,胜任力评估的工具尚存在一定的局限性,也缺乏包含高效度评估的多层次认证过程;第三,评估的过程尚存在不一致性;第四,评估对象主要集中于参加相关培训的人员,但忽视了对那些已经获得从业资质人员的胜任力以及他们提升胜任力的评估;第五,各级各类机构和研究团体对于胜任力的教育、培训、认证和评估方法的资源支持还有限。

(三)胜任力的模型

胜任力模型(competency model)有时也被称为胜任力结构(competency framework)。有的学者将胜任力模型等同于胜任力,例如 Chung-Herrera 等学者(2003)就认为,胜任力模型指的是"一种用来鉴别个体在组织中表现出来的知识、技能和能力的有效工具"(a descriptive tool that identifies the knowledge, skills, and abilities to perform effectively in an organization)。然而,更多的学者则指出,胜任力模型并不等同于胜任力,它是那些独立胜任力特征要素的有机结合。例如,时勘(2006)在总结了有关胜任力模型的研究后指出,胜任力模型指的是在特定职业中,从业人员承担该特定职位时需要具备的胜任力特征要素的总和,或者说是该特定职位中表现优异者所具备的胜任力特征的结构。总的来说,胜任力模型应当包含三大要素:一是胜任力模型的名称,这个名称的确定不仅仅是给该模型"起了个名字",更重要的是界定了应该从什么角度来理解对应职位的要求。二是胜任力特征的定义,即应该从那些胜任力特征要素出发,来构建该胜任力模型。三是胜任力行为的等级指标,利用这些指标来判别胜任力评估对象在某种具体的胜任力行为上表现优劣的程度。

对胜任力模型的早期探讨主要集中于组织管理领域，该领域的众多研究均指出，胜任力模型对组织管理实践具有很多积极意义。例如，基于胜任力模型可以开发有助于提升管理者和员工绩效水平的培训项目（Hofrichter and Spencer，1999；Verni and Efendy，2015），通过胜任力模型可以制定职业经理人的甄选、奖惩和晋升措施（Chung-Herrera et al., 2003；Zenger and Folkman，2002），利用胜任力模型可以预估个体的工作业绩（Ghasemi，2016；Spencer and Spencer，1993）乃至整个组织的绩效表现（蒲德祥，2008；Hollenbeck and McCall，1997），基于胜任力模型开发职业发展与职业生涯规划项目（Woolf and Martinez，2013；Epstein and Hundert，2002）以及通过胜任力模型给予员工增权赋能，引导他们参与管理决策，提升员工工作积极性（Chaghari et al., 2017；Menon，2001）等。

近年来，有关专业心理学领域从业人员的胜任力，学者们提出了很多胜任力的模型，其中较为有名的包括两个，一是 Roe（2002）提出的"胜任力建筑结构模型"，另一个是 Rodolfa 等人（2005）提出的"胜任力三维结构模型"。

1. 胜任力建筑结构模型

图 2-1 就是 Roe 提出的"胜任力建筑结构模型"（competence architecture model），他采用一个类似古希腊神庙的建筑来描述胜任力的模型。在该建筑结构模型中，建筑物的屋顶是总的胜任力特征，下方的房梁则是在总的胜任力特征基础上衍生出来的子胜任力特征。再往下，支撑总胜任力和子胜任力的三根柱子分别是知识、技能和态度，此三者成为胜任力模型的三大支柱，只有具备了这三个特质，心理健康领域从业人员的胜任力才可能得以实现。而在该胜任力模型的根基部分，Roe 重点强调了能力、人格特质和其他一些品质，在他看来，这三者也是区分胜任力水平高低的要素，甚至可以被看作是整个胜任力体系的基础（Such dispositions can be seen as the basis for what the individual learns, that is knowledge, skills, and attitudes, as well as sub-competences and competences）。但是需要指出的是，由于胜任力提升的过程同时也取决于情境和时间等因素，因此 Roe 指出，不应将这几个要素等同于胜任力提升过程中的各类品质。

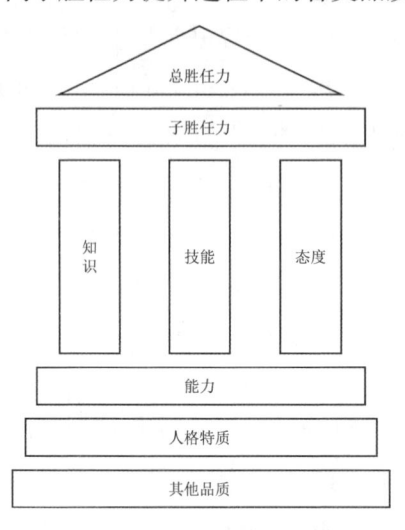

图 2-1 胜任力建筑结构模型

Roe 指出，该胜任力的建筑结构模型可以运用于多个领域，包括胜任力提升课程学员的筛选（student selection）、相关学术课程的设计（academic curriculum design）、相关领域的入门专业培训（initial professional training）、相关领域的持续性专业培训（continued professional training）、相关领域的鉴定与认证（accreditation）、相关领域的机构认证（institutional accreditation）、相关领域的个人认证（individual accreditation—initial）、相关领域刊物的认证（individual accreditation—periodical）、相关领域的质量管理（quality assurance）等。

2.胜任力三维结构模型

另一个较为有名的模型是 Rodolfa 等人（2005）提出的"胜任力三维结构模型"，Rodolfa 等人也将其称为"立方体模型"（cube model for competency）（图 2-2）。该模型是在 Kaslow（2004）的胜任力两分法基础上发展而来的,即在"基础性胜任力"(foundational competencies)和"功能性胜任力"(functional competencies)两种胜任力的基础上形成了胜任力模型的三个维度——基础性胜任力维度(foundational competencies domains)、功能性胜任力维度(functional competencies domains)和专业发展阶段维度(stages of professional development)。

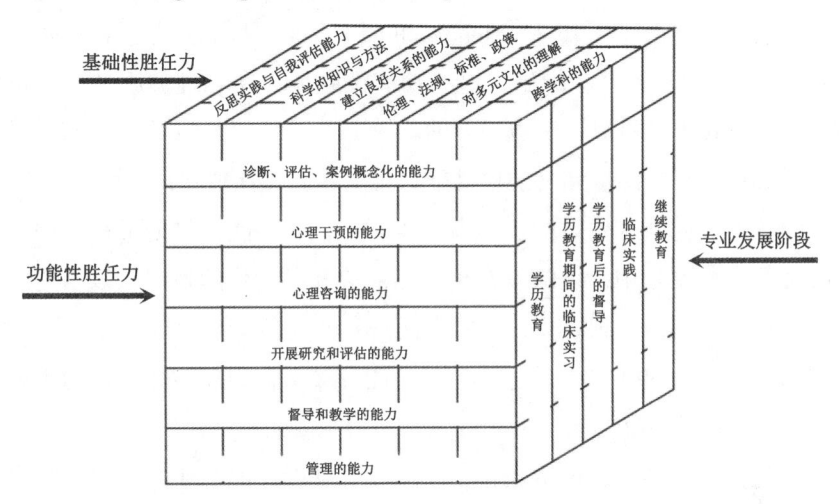

图 2-2 胜任力三维结构模型

资料来源:Rodolfa E R,Bent R J,Eisman E,et al. A cube model for competency development: Implications for psychology educators and regulators [J]. Professional Psychology:Research and Practice,2005,36(3):347-354.

其中,基础性胜任力维度是开展专业心理健康工作的职业基础,包括:反思实践与自我评估能力(reflective practice/self-assessment)、科学的知识与方法(scientific knowledge and methods)、建立良好关系的能力(relationships)、对伦理、法律、标准、政策的掌握(ethical and legal standards/policy)、对多元文化的理解(individual and cultural diversity)、跨学科的能力(interdisciplinary systems)。

如果说基础性胜任力维度为心理健康从业人员打下了从业的基础能力的话,那么在 Rodolfa 等人(2005)看来,功能性胜任力维度则负责拓展心理学专业开展日常心理学专业服务的能力广度（These activities encompass the breadth of the day-to-day services provided by psychologists），具体而言，该维度包含评估、诊断、案例概念化的能力（assessment/diagnosis/case conceptualization），心理干预的能力（intervention），心理咨询的能力（consultation），开展研究和评估的能力（research/evaluation），督导和教学的能力（supervision/teaching），管理的能力（management/administration）。研究者指出，这些功能性胜任力在心理健康从业人员的职业发展过程中是可以不断被提升的。

基础性胜任力维度和功能性胜任力维度并非相互独立，而是相互联系、相互影响的。此外，模型的提出者们也指出，有些能力可能最初体现在基础性胜任力维度之中，但随着心理学专业化和科学化的发展，以及心理学外部市场（external marketplace）的变化，例如专业心理学实践的资金来源、法律法规的不断演变等，这些能力也可能会被整合到功能性胜任力维度之中，进而形成新的能力要求。

此外，该三维结构模型还包含了第三个维度，即专业发展阶段维度。在图2-2的模型中，这一维度被分成研究生教育、实习、博士后培训或实习，以及持续能力提升等多个专业发展阶段，这也明确指出了专业心理健康从业者需要经历的基本发展阶段。尽管该模型图中仅仅描述了不同发展阶段的名称，但每个阶段仍然可以深入地探讨在该阶段中需要关注的内容，例如心理健康相关的学历教育就应当包含完整的培养过程，包括课程作业、实践经验、论文研究、专业教育等。

基于以上分析不难看出，胜任力模型的构建需要建立在对特定工作从业人员研究的基础上。因此，本研究需要构建的是针对农村地区从事心理健康教育实践的教师而形成的胜任力模型。参考以上的分析，该模型可以被界定为：农村地区教师在中小学心理健康教育工作实践中，应当具备的、能够促进其恰当有效地完成农村中小学心理健康教育工作的各种能力要素的有机结合。

3.胜任力模型的构建

至于如何建立胜任力模型，不同的学者采用的方法不尽相同，在这其中，Marrelli 等人在参考人力资源管理领域的基础上而总结的 7 个步骤，较为完整地展示了构建胜任力模型的过程（Marrelli, Tondora, and Hoge, 2005）。

第一步是确定目标（defining the objectives）。Marrelli 等人指出，在这一步骤中，需要清晰地回答以下 4 个问题：①为什么需要建立这个胜任力模型（Why is there a need to develop a competency model?）。②分析的单元是什么（What is the unit of analysis?）。③相关的时间表是什么（What is the relevant timeframe?）。④这个胜任力模型将被如何应用（How will the competency model be applied?）。当这 4 个问题被回答清楚以后，构建胜任力模型的目标也就被确定下来了。

第二步是获得赞助者的支持（obtain the support of a sponsor）。包括胜任力模型建立在内的项目的开展离不开赞助商的支持，需要赞助商为项目的开展提供相应的信息、资源、支持和授权等。为此，研究者可以通过对以下问题的解答，来获得相应的赞助：该胜任力模型对组织有何作用？这个模型如何解决组织面临的问题？这个模型应当如何构建？构建这个模型需要耗时多久？构建这个模型需要花费多少经费等等。总之，只有当这个胜任力模型对赞助方的组织管理、员工培训、绩效提升等有积极作用，那么胜任力模型构建的项目才能得到相应的赞助和支持。

第三步是制定并实施沟通计划（develop and implement a communication plan）。在胜任力模型构建的过程中，与相关个人或组织开展顺畅的沟通，进而让他们理解胜任力模型的积极作用是大有裨益的，因此在正式开展胜任力构建之前，制定完善的沟通计划是必要的。例如 Marrelli 等人（2005）就举了一个例子：有些组织的领导者担心他们在选择和评估员工方面的自主权会因为胜任力模型的介入而被削弱甚至被取代，因而对模型的构建持有反对态度。因此，需要提前开展沟通，减少他们的焦虑，在沟通中强调胜任力模型将为他们的决策提供参考，而不是取代他们开展决策。

第四步是确定方法（plan the methodology）。在确定方法部分，Marrelli 等人聚焦了 4 个方面的内容：确定样本（sample selection）、确定数据收集方法（selecting data collection methods）、补充数据收集方法（complementary data collection methods）、数据记录和分析（plan the data recording and analysis）。

在确定样本过程中，作者指出，既可以关注高绩效表现者群体，也可以聚焦具有代表性的群体，而无论选择怎样的样本，最重要的是要确保被选对象具有较强的分析和表达能力，进而帮助研究者获得更多、更有效、更有价值的信息。

在确定数据收集方法方面，作者详细阐述了在胜任力模型构建过程中可用以数据收集的方法，并逐一比较了各个方法的优劣之处。具体而言，这些方法包括文献回顾法（literature review）、焦点小组座谈法（focus groups）、结构式访谈法（structured interviews）、行为事件访谈法（behavioral event interviews）、调查法（surveys）、观察法（observations）、工作记录法（work logs）、能力清单与数据库法（competency menus and databases）等。其中一些方法前文已做过阐述，此处不再赘述。正如作者所述，以上各种方法都各有优劣，因此在"补充数据收集方法"部分，作者尤其强调在数据收集的过程中，应当综合采用多种方法以弥补单一方法的不足。

第五步是界定胜任力并构建胜任力模型（identify the competencies and create the competency model）。由于胜任力一定是基于某个特定的领域或工作的，因此在界定胜任力之前，首先需要对其所在的领域或工作进行界定，这包括工作职位的描述、相关工作的政策和程序、工作组织的组织结构图、相关领域的培训手册、工作组织的绩效记录等。在此基础上，胜任力的界定应当与工作的界定相对应，例如，先前的工作从 4 个方面对工作进行了界定，那么该工作领域的胜任力界定也应当从这 4 个方面出发。

基于对工作和胜任力的界定，需要进一步做的就是"组合胜任力要素"（assemble the competency model），即将在"界定"过程中涉及的要素有机整合到一起，进而形成初步的胜任力模型。最后，要使得胜任力模型更具有可操作性，还需要关注的步骤是"确定行为指标"（develop behavioral examples），即每一个胜任力要素可以通过哪些具体的外在行为来表现，并能够通过指标等级对其进行有效的评估。

第六步是胜任力模型的运用（apply the competency model）。在该文中，作者详细列举了胜任力模型构建完毕后，可以运用的领域，包括：劳动力的战略性规划（strategic workforce planning）、人才的甄选（selection）、组织中人力资源的培训与发展（training and development）、绩效管理（performance management）、组织继承人的规划与选择（succession planning）、组织激励（rewards and recognition）、薪酬机制（compensation）等。

第七步是发展与完善胜任力模型（evaluate and update the competency model）。对于胜任力模型的发展与完善，最重要的是在过程中开展胜任力模型的评估，这其中既包括评估模型构建过程的有效性，也包括评估模型应用的有效性。此外，由于组织是不断发展的，组织中个体的胜任力要求也是不断变化的，因此胜任力模型也应当随之不断改进和完善，例如当今一些科学技术和手段更新换代速度惊人，这也客观上要求相关领域的从业人员不断更新自身的技术和提升自身的能力。在 marrelli 等人（2005）看来，在更新胜任力模型的过程中，有必要制定一个时间进度表（a schedule for reviewing the currency of a competency model），并根据这个进度表不断审视当前的胜任力模型。如果目标工作或组织没有发生重大的变化，那么就可以通过访谈、焦点小组、调查等上文提及的方法来修订和更新模型。如果目标工作或组织在模型开发后发生了重大变化，则需要进行新的胜任力研究，而在研究新的胜任力模型时，现有模型亦可以作为开发新模型的起点。

（四）胜任力研究的局限之处

上述文献的总结为我们较为全面地展示了有关胜任力研究的内容，为进一步开展胜任力研究提供了重要的基础。然而也需要看到，目前胜任力的研究还存在一些值得进一步完善的地方。总结而言，以下3个方面的内容是值得关注的。

1. 胜任力的提升实践尚显缺乏

如上文所述，无论是胜任力的研究，还是胜任力模型的构建，其目的都在于提升特定群体在特定工作中的胜任力水平，使其能够充分胜任该项工作，进而不断提升工作的绩效水平。因此可以说，胜任力的提升是胜任力和胜任力模型研究的最终目的所在。但是查阅相关文献后不难看出，这方面的研究，尤其是具有可行性的实践还较为缺乏。

例如基于胜任力模型的构建，研究者们都不约而同地指出，模型构建完毕以后，一个很重要的运用领域就是胜任力的培训与水平的提升，在上文介绍的建筑结构模型和三维结构模型中都有提及。但是，具体如何将胜任力模型运用于胜任力水平的提升，研究者们则没有太多的探讨。现有的一些关于胜任力提升的研究也多是基于胜任力的分类、胜任力的评估、胜任力的模型等提出一些大的方向和建议。例如 Kaslow 等人（2015）曾围绕家庭领域的心理健康从业人员的胜任力特征，探讨了胜任力水平提升的路径。但是深入来看就会发现，作者对于胜任力的提升也仅仅是从其"核心胜任力"和"特殊胜任力"类型划分出发，分别谈谈具体哪些胜任力特征是需要不断提升的，包括科学的知识、干预的能力、评估与测量的能力等。

其实不仅是国外研究，国内研究同样面临这一问题，即对胜任力的提升多限于理论思考层面，缺乏可操作性的实践研究。因此，关注胜任力的实践研究，开发提升胜任力水平的科学方法，是后续研究值得关注的问题之一。

2. 胜任力的研究领域有待拓展

在前文阐述的有关胜任力的分类中，国际胜任特征会议将专业心理学从业人员的胜任力划分为核心胜任力和特殊胜任力，即所有心理健康工作者都应具备的胜任力特征和某些具体实践领域所需的胜任力特征。对于前者，学界已基本达成一致，认为专业心理学领域的核心胜任力主要包括基础知识、心理干预与咨询的能力、心理测评的能力、开展督导的能力以及掌握相应的伦理、法律、公共政策等。而在特殊胜任力领域，学者们基于不同的领域提出了不同的特殊胜任力要求。例如婚姻家庭领域的心理健康工作者除了具备核心胜任力特征以外，还应当具备针对婚姻家庭领域的相关胜任力，包括使用家庭心理治疗方法的能力、使用配偶与婚姻测验的能力；再比如，儿童心理健康领域的从业人员除了具备核心胜任力特征以外，还应当掌握儿童心理发展的相关知识，具备与儿童开展交流的技能，掌握儿童心理与行为干预的方法等。

然而，有关特殊胜任力的研究在学校心理健康教育领域还较为缺乏，学校教师从事心理健康教育工作需要具备哪些胜任力特征、这些胜任力如何与教育教学实践相结合等问题值得深入探讨。

3. 胜任力的研究对象需要增加

由于国外从事心理健康教育以及相关领域工作的群体较为单一，主要是专职心理教师和临床心理治疗师，因此国外关于心理健康领域的胜任力研究也主要是围绕这几类群体而开展的。

但是我们需要看到，在国内，从事心理健康教育，尤其是从事学校领域心理健康教育工作的群体众多，既包含学校中专职从事心理健康教育的教师，更包含广大非专职从事学校心理健康教育工作的群体。例如在中小学中，德育教师承担着大量的心理健康教育工作；在高校中，高校辅导员也是开展大学生心理健康教育工作的重要群体；在农村中小学中，受制于师资紧缺的问题，各学科教师也都应该适当地承担起中小学心理健康教育的任务。

因此，在中国学校教育环境中，开展心理健康教育从业人员胜任力的研究，必然离不开对这些群体的探讨。例如农村地区中小学的教师和预备师资，他们在开展心理健康教育工作之时，除了具备专业心理健康从业人员应当具备的核心胜任力之外，一定还需要具备一些特殊的胜任力特征，例如掌握农村地区学生的心理发展特点、把心理健康教育与农村教学相融合的能力等。至于到底哪些胜任力特征是他们应当具备的，这就是本研究需要关注的重点。

第三章　农村中小学教师心理健康教育胜任力模型的初步建立（研究1）

一、引言

根据前文所述的研究框架和技术路线，要对乡村定向师范生开展农村地区中小学心理健康教育工作的胜任力研究，首先要对农村地区教师的相关胜任力特征进行分析，并在此基础上建立相关的胜任力模型，进而基于模型开展后续相关的研究。简单来说，我们首先需要确定的是，一名乡村教师如果需要从事中小学心理健康教育工作，那么他需要具备哪些胜任力特征，并在此基础上以这些胜任力特征为标准，对乡村定向师范生群体进行评估。

如前文所述，尽管本研究关注的是乡村定向师范生群体，但前期研究均是基于农村地区在职教师而开展的。对农村教师群体开展研究这主要是出于以下两点考虑：第一，行为事件访谈需要以工作经验为基础。胜任力研究，尤其是胜任力模型的构建通常需要以行为事件访谈为基础而开展，而行为事件访谈的核心内容是受访者从事特定工作的成功与失败经历，这些经历是师范生群体所不具备的。第二，以一名优秀教师的标准来对师范生群体开展评估，从以往的研究和实践经验来看也是合理的。例如，在对师范生的教学能力进行研究时，学者们也常会以优秀教师应当具备的教学能力来对师范生群体进行评估。

因此，以农村教师为研究对象开展前期研究，对于本研究而言既是合理的，也是可行的，更是必需的。参考以上的分析，该模型可以被界定为：农村地区教师在中小学心理健康教育工作实践中，应当具备的、能够促进其恰当有效地完成农村中小学心理健康教育工作的各种能力要素的有机结合。

当前，对中小学心理健康教育工作的评价大多数还停留在教育效果层面。尽管教育的效果是评价心理健康教育实践的重要指标之一，但是"人"的因素是不可忽视的，这其中就包含对心理健康教育实践者的评价。在对特定工作实践者的评价指标中，胜任力是不得不提及的指标。

根据前文的分析，乡村定向师范生从事农村地区中小学心理健康教育工作的胜任力可以被界定为：乡村定向师范生在毕业后从事农村中小学心理健康教育工作实践的过程中，应当具备的、能够促进其恰当有效地完成农村中小学心理健康教育工作的各种能力。这些能力水平的高低一方面能够有效区分农村中小学中的卓越型心理健康教育工作者和普通型心理健康教育工作者，另一方面也能够通过一定的手段加以测量。并且，通过一定的培训或干预，这些能力的水平能够得到显著的提升。无论是对于个人，还是所在组织而言，胜任力模型的构建都具有积极的作用，包括提升个体的从业能力、提高个体与所从事职业的匹配程度、提升个体的工作业绩、提升整个组织的绩效表现、提升工作积极性等（该部分内容在第一、二章均有详细论述，此处不再赘述）。因此，本章节研究的目的就是构建农村教师心理健康教育胜任力模型，为后续调查工具的开发、大规模调查的开展、胜任力的提升培训等研究的开展奠定基础。

二、研究方法

（一）资料收集的方法

第一章"研究方法"部分提到，行为事件访谈法（behavioral event interviews，BEI）是众多研究者常用来开展胜任力研究的方法，该方法是一种开放式的行为回顾探察技术，研究过程中分别对特定工作中的卓越型工作人员和普通型工作人员开展访谈，基于他们在完成工作过程中的典型事件，探察他们在工作过程中所表现出来的行为的差异，从而确定胜任该项工作需要具备的行为特征和潜在特质。简单来说，就是对农村地区开展中小学心理健康教育工作实践中的卓越型教师和普通型教师进行访谈，比较其从事心理健康教育工作的成功事件和失败事件，了解两者之间的差异，再运用胜任力编码词条进行编码，提取能够区别两者的胜任特征词条，从而建立胜任力模型（McClelland，1998）。

（二）绩效标准的确定

从行为事件访谈法的含义出发，不难看出，利用行为事件访谈法来构建胜任力模型，很重要的一个前提是能够有效区分卓越型从业人员和普通型从业人员。因此，本研究首先需要通过一定的绩效标准来区分农村地区开展中小学心理健康教育工作实践中的卓越型教师和普通型教师。

对于绩效标准的判断，不同的研究提出了不同的建议。早在 20 世纪 80 年代，Chevron 和 Rounsaville（1983）就比较了能够评估心理治疗师职业能力的一些指标，结果发现，督导的评价最能够体现心理治疗师的职业能力。Strupp（1986）还指出，从业的经验、接受相关培训等也可以作为评价心理治疗师的参考指标。在这其中，从业或实践的经验被很多研究者认为是评价一名心理健康相关领域从业人员时一项有效的指标。当然，对此也有学者提出了异议，例如 Sakinofsky（2017）就认为，关于实践经验作为心理治疗师评价指标的证据尚不清晰，因此不能完全凭借实践经验的多少来判断一名心理治疗师卓越与否。

此外，对于心理治疗、心理干预、心理健康教育等容易受到文化因素影响的活动，有必要基于特定文化背景对其评价标准进行分析。从国内研究所依据的指标来看，实践的经验、从业年限、接受培训的程度、是否接受专业督导等也可作为评判心理健康从业人员卓越与否的主要指标。

此外，为了更加精确地区分卓越型和普通型从业人员，为后续行为事件访谈研究奠定基础，本研究在通过文献查阅确定评价指标的同时，还通过面对面访谈、电话访谈、网络视频访谈等多种形式，对3名相关领域的专家（其中包括一名农村小学的校长、一名从事儿童心理健康教育研究与实践的大学副教授、一名从事乡村定向师范生培养的大学教授）进行了访谈，请专家谈一谈哪些指标可以用来区分卓越型与普通型从业人员。

基于以上国内外有关心理健康从业人员评价指标的分析，同时结合对相关领域专家的访谈，本研究从"扎根农村""专业程度""社会评价"和"实践经验"4个方面来区分从事农村地区中小学心理健康教育工作的卓越者和普通者[①]。

1. 扎根农村

扎根农村指的是从事农村中小学心理健康教育的卓越型教师应当对农村、农村教育以及农村儿童有着深刻的理解和认识，进而能够准确把握农村地区儿童心理发展的特点和心理问题的特征。至于如何判断教师是否达到这样的要求，能否扎根农村，长期从事农村地区的教育实践是一项很重

---

① 从严格意义上来说，区分心理健康教育工作的卓越者和普通者，最有效的指标就是其开展心理健康教育实践的效果如何。然而，对于心理健康教育或心理干预、心理咨询等相关实践效果的评估还存在一些争议之处：一方面，不同的实践者和研究者会采用不同的方式来评价实践的效果，尚没有完全统一的评价指标和方法；另一方面，在心理健康相关服务的实践中，想要完全从定量的角度评估服务对象的改变并进行比较，这是比较困难的（雅各布斯、马森、哈维尔，2006）。因此，在这样的条件下，结合前文所述对该领域专家的访谈，最终选取了四个绩效指标，作为区分卓越组教师和普通组教师的标准。

要的指标。正如接受访谈的农村小学校长所言：

> 其他的标准先不谈，他愿不愿意留在农村，这个很关键。有的老师就是按规定来农村干个两年，时间一到就想着要赶紧"跑"。我也不能说他不对，毕竟农村条件比不上城里，跟你们南京大城市更不能比，想走也是人之常情。但这种肯定算不上你说的卓越老师，一两年时间他还什么都不知道呢，对吧？连我们农村教育是个啥样都不知道，怎么能算得上"卓越"呢。

因此，在本研究的判定标准中，将"扎根农村"作为一项指标，并参考专家的建议，将"具备5年以上农村教育实践经验"作为卓越型教师的判定标准之一。

2. 专业程度

专业程度指的是从事农村中小学心理健康教育的教师是否具备心理健康等相关领域的知识和技能。正如接受访谈的从事儿童心理健康教育研究与实践的大学副教授所言：

> 心理教育还是需要专业性的。不过就像你说的，农村学校好多老师都不是专业心理学背景的，但他如果做这个事（笔者注："这个事"指的是从事农村中小学心理健康教育工作），就必须有专业的东西。比如至少学过心理学、教育学的一些课程，或者接受过一些专业的培训之类的。完全没有接受过专业的训练就做心理教育，别说是不是优秀老师了，恐怕已经是不符合心理学伦理要求的了。

因此，在本研究的判定标准中，将"专业程度"作为一项指标。但是，考虑到农村教育的实践，尤其是相关专业培训的缺乏，很难像一些研究那样，将"是否接受专业的、系统的培训和督导"等作为判断标准（肖

丁宜 等，2016；吴垠、桑志芹，2010）。因此，在听取了几位专家的意见后，本研究将"曾考取心理咨询师执业资格证书，或在师范生教育过程中系统学习过心理咨询、心理健康教育等课程，或在从业后参加过3次以上心理健康相关领域的专业培训"作为卓越型教师的判定标准之一。

3. 社会评价

社会评价指的是从事农村地区中小学心理健康教育的卓越型教师应当得到社会的广泛认可，例如得到领导、同事和学生的好评、获得相关领域的奖励等。正如接受访谈的从事乡村定向师范生培养的大学教授所言：

> 可以看看大家对他的评价。做得好不好，一问就知道了，他自己吹得天花乱坠，一问别人，都说他不行，那肯定有问题啊。特别是问问学生，心理健康教育毕竟是针对学生做的，学生最有发言权。还有就是看看获奖，虽然我们有时候也质疑一些评奖是不是合理，但多少可以从侧面反映出他工作做得好不好，如果获奖很多，那至少应该不会太差。

因此，在本研究的判定标准中，将"社会评价"作为一项指标。但是，考虑到"社会评价"这一指标比较宽泛，为使该指标更具有可操作性，在和专家讨论后确定，在选取研究对象时，请该研究对象的一名领导、一名同事和两名学生对其从事心理健康教育实践的效果进行5级评分，其中1分表示"效果很差"、2分表示"效果一般"、3分表示"效果中等"、4分表示"效果较好"、5分表示"效果很好"，评分后计算平均得分。此外，研究对象如在相关领域获奖，则每获得一项校级奖励，另加1分；每获得一项校级以上奖励，另加2分。在访谈对象的实际选取过程中，将6分作为甄选指标，评分超过6分的教师可作为卓越组的候选教师。

4. 实践经验

实践经验指的是研究对象从事农村中小学心理健康教育实践经验的多少。正如接受访谈的从事儿童心理健康教育研究与实践的大学副教授所言：

这个（笔者注："这个"指的就是从事农村地区中小学心理健康教育工作）其实还要讲求经验的，心理干预、心理咨询这些都是熟能生巧的事，心理健康教育应该也一样。你有了专业，不去实践、不去做，也没用。你看现在很多地方招聘心理咨询师都明确要求要有超过多少小时的咨询经验，不光是看你有没有证书、是不是心理学专业的这些。所以经验这个东西还是很重要的。

此外，接受访谈的农村小学的校长也提到了实践经验的问题：

我自己也做德育的工作，很多就是你说的心理教育的内容。我也不是你们心理学专业的，原来也不会做，就是做政工、做思政那一套。后来做做也有自己的想法了，再自学看看书，发现积累的这些经验和心理学要求的"共情""助人自助"那一套是差不多的。所以说，你还是要去做，做做就有经验了。

因此，在本研究的判定标准中，将"实践经验"作为一项指标。对于"实践经验"这一指标，有的研究认为，具备5年、甚至10年的心理健康教育经验才能被认为是卓越型从业人员。例如肖丁宜等人（2016）在探讨团体心理咨询师的胜任力时，便将"10年以上团队带领经验"作为卓越组的指标之一。但是，考虑到农村地区从事心理健康教育工作的师资紧缺，很难有教师长期从事农村中小学的心理健康教育工作。因此，在参考受访专家的建议后，尤其是参考接受访谈的农村小学校长的建议后，将"具有3年以上农村地区中小学心理健康教育实践经验"作为卓越型教师的判定标准之一。

最终，将以上指标点整合成表3-1。其中，卓越组教师符合以上四点指标要求；普通组教师为从事农村中小学心理健康教育实践的从业教师，并经过其所在学校相关领导和同事的确认，其可以胜任农村地区中小学的心理健康教育工作。

表 3-1　卓越组和普通组的甄选标准

	扎根农村	专业程度	社会评价	实践经验
卓越组	具备5年以上农村教育实践经验	曾考取心理咨询师职业资格证书，或在师范生教育中系统学习过心理咨询、心理健康教育等课程，或在从业后参加过3次及以上心理健康相关领域的专业培训	社会评价指标得分大于6分	具有3年以上农村地区中小学心理健康教育实践经验
普通组	从事农村中小学心理健康教育实践的从业教师，并经过其所在学校相关领导和同事的确认，可以胜任农村地区中小学的心理健康教育的基本工作			

（三）研究对象的选取

1. 研究对象的选取方法

根据上文确定的绩效筛选标准，深入农村学校，基于目的性抽样的思路，即按照研究的目标和需要来选择研究对象。具体而言，在研究对象选取的过程中，通过目的性抽样中的最大差异抽样和滚雪球抽样相结合的方法，其中前者指的是研究选取的样本要尽可能涵盖目标群体，而后者是指通过先前选取的受访者的推荐或介绍来进一步确定其他受访者。

之所以采用这样的抽样方法，主要出于以下几点考虑：第一，滚雪球抽样的方法能够在短时间内获取较多的研究对象，这对于以访谈为代表的质性研究方法而言是至关重要的。第二，通过滚雪球抽样而选取出来的研究对象通常是由熟人推荐或介绍的，这种关系的存在有助于提升受访者在访谈过程中的配合度。第三，尽管滚雪球抽样能够帮助研究者获得较多的研究对象，但是这也在一定程度上使得抽取出的样本具有较高的同质性，而本研究涉及江苏全省范围，因此需要选择较有代表性的样本进行研究，故在使用滚雪球抽样的同时，还秉持最大差异的原则，兼顾性别、年龄、地区等因素，提升研究样本的代表性和覆盖面。

2. 研究对象的基本情况

基于以上抽样的思路和过程，最终确定受访对象20人，其中卓越组和普通组教师各 10 人，具体信息如表 3-2 所示。受访教师均来自江苏省内乡镇地区中小学，且均非专职心理健康教育教师。

表 3-2 行为事件访谈对象的基本信息

序号	性别	年龄	学历	所在地区	主授课程	组别
1	女	31	大专（自考本科）	南京市溧水区石湫镇	道德与法治	卓越组
2	女	33	大专	无锡市宜兴市和桥镇	语文	卓越组
3	男	29	本科	镇江市扬中市八桥镇	行政工作	卓越组
4	女	32	大专（自考本科）	徐州市沛县张寨镇	英语	卓越组
5	女	41	中专（自考大专）	南京市溧水区石湫镇	行政工作	卓越组
6	女	28	本科	无锡市宜兴市湖㳇镇	行政工作	卓越组
7	男	35	本科	南京市高淳区阳江镇	语文	卓越组
8	男	30	本科	南京市溧水区白马镇	道德与法治	卓越组
9	女	37	大专	无锡市宜兴市官林镇	行政工作	卓越组
10	女	29	大专	南京市溧水区洪蓝街道	道德与法治	卓越组
11	女	23	本科	无锡市宜兴市和桥镇	音乐	普通组
12	男	27	大专（自考本科）	无锡市宜兴市湖㳇镇	语文	普通组
13	女	32	大专（自考本科）	南京市溧水区石湫镇	语文	普通组
14	男	26	本科	徐州市新沂市双塘镇	行政工作	普通组
15	女	22	大专	无锡市宜兴市官林镇	美术	普通组
16	男	21	大专	徐州市沛县张寨镇	数学	普通组
17	女	25	本科	徐州市新沂市双塘镇	道德与法治	普通组
18	女	23	本科	南京市溧水区洪蓝街道	英语	普通组
19	女	22	大专	无锡市宜兴市和桥镇	语文	普通组
20	女	26	中专（自考大专）	南京市高淳区阳江镇	行政工作	普通组

（四）研究过程的安排

1. 访谈前的准备

研究过程中，首先深入农村地区学校，与开展心理健康教育实践的教师及其领导、同事、学生等开展交流，按照表 3-1 中制定的绩效标准，结合上文所提及的抽样方法初步筛选访谈对象，最终确定了表 3-2 中所示的 20 名访谈对象。

在确定访谈对象后，首先通过面对面交流、电话交流或社交软件交流等形式，与受访者取得联系并进行初步的沟通，在沟通的过程中向其详细说明访谈的程序（包括访谈需要花费的时间、访谈的形式、受访者的权利、参与访谈可以得到的回馈等），并申明受访者是自愿参与并且可以随时退出访谈。然后，与受访者商定录音、笔记等资料记录的形式（本研究者，20名受访者均同意研究者在访谈过程中进行录音）。最后，与受访者约定开展访谈的时间和地点。

此后，按照事先约定的时间和地点对受访者开展行为事件访谈。正式访谈开始之前，再次向受访者明确做出保护其隐私的承诺，并在此基础上向受访者展示访谈研究的知情同意书，请其仔细阅读后签名确认。

2. 访谈的开展

访谈正式开始后，按照制定好的行为事件访谈提纲对研究对象进行访谈。访谈依据事先制定的访谈提纲进行，基本内容和访谈程序固定不变，但访谈过程中可以根据研究对象的回答和当时情况灵活调整，适当增加或减少问题，以便收集的资料更加清晰。访谈结束后，向受访者赠送礼品表示感谢。

具体的访谈及资料分析过程如图3-1所示：首先，在文献梳理与总结的基础上，结合前文所述对相关专家的访谈，同时参考由McBer Company of Boston开发，中国科学院心理研究所时勘团队引入并修订的《胜任特征辞典》[1]，初步建立编码词表。与此同时，编制初步的访谈提纲，并利用初步的访谈提纲对卓越组和普通组的各3名教师（共6人）开展预访谈，访谈完成后，将访谈录音转换成文本资料。在此基础上，利用初步建立的编码词表对文本资料进行预编码。而后，在预编码的基础上，进一步完善编码词表和访谈提纲，并逐条形成每个词条的定义和行为等级指标。最后，

---

[1] 《胜任特征辞典》总结了各类组织中从业人员应当具备哪些胜任力特征，包括"成就与行动""帮助与服务""冲击与影响""管理""认知""个人效能"六大领域。其中多个领域中的胜任力特征对心理健康从业人员都具有一定的借鉴意义，例如"帮助与服务"领域的人机理解能力、倾听能力等，"认知"领域的分析思考能力、专业知识的积累等，"个人效能"领域的自我控制、自信等。因此，在编码词表建立的过程中，大量胜任特征都参考了《胜任特征辞典》中的表述。

利用完善后的访谈提纲对剩余的研究对象开展访谈，在收集并进行文本资料转录后，利用完善后的编码词表对文本资料开展正式编码，并最终根据正式编码的结果形成胜任力模型。

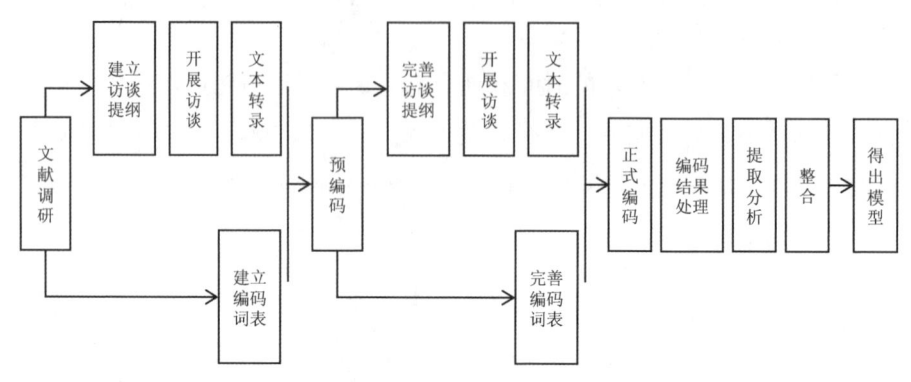

图 3-1　行为事件访谈及资料分析的过程（肖丁宜 等，2016）

3. 访谈资料的整理与分析

如图 3-1 所示，研究过程中涉及两次资料的整理和分析：一是基于初步访谈和初步编码词表进行的预编码，二是基于正式访谈和完善后的编码词表进行的正式编码。对于访谈资料的编码分析，首先将访谈录音资料逐字逐句转录为文本资料。在这一过程中，不对音频资料进行任何加工和改变，确保转化出来的文本资料与音频资料完全一致。转录完成后，将转录后的文本资料交由两名研究生进行阅读核对，确保在音频资料转录为文本资料的过程中没有错误。

在对文本资料进行分析的过程中，研究者本人与一名心理学专业副教授组成资料分析小组。分析小组首先共同学习编码词表，尤其是对编码过程中的编码标准进行充分讨论，避免编码过程中可能出现的分歧。而后随机选择一份访谈文本资料，分析小组的两人分别利用编码词表对该份文本资料进行独立试编码。试编码完成后，分析小组针对试编码结果进行反复讨论，直到两人对编码的意见达成一致。最后，将转录后的每份访谈文本资料均复印两份，由编码分析小组的两人分别基于编码词表开展编码。

三、研究结果

（一）编码词表的确定

按照图3-1所示的访谈研究步骤，在对访谈获得的资料进行编码分析之前，需要建立编码词表。简单来说，编码词表就是根据文献梳理、资料查询、专家访谈等结果建立的一个用以开展访谈文本资料编码的评分列表。在这个列表中，包含了特定工作从业人员可能需要具备的一些胜任力特征，并且包含对每一个胜任力特征的定义和等级指标划分。在对访谈文本资料进行分析时，即按照等级指标划分对相关的文字进行赋分编码。

例如在向慧（2007）对心理咨询与治疗从业人员胜任力的研究中，研究者也采用编码词表对文本资料进行编码分析。该研究涉及21个胜任力特征词条，以其中"自控力"这一胜任力特征为例，在该研究的编码词表中，"自控力"的定义是"当面对他人的敌意、工作压力、外界的干扰，能控制自己的情绪保持冷静，防止不适当行为的发生"。此后，研究者进一步将"自控力"这一胜任力特征划分为具有可操作性的8级评估指标，从"–1分"到"6分"，分数越高，表示受访者在"自控力"这一胜任力特征上的表现越优秀。其中"–1分"指的是"失去控制"，即心理咨询与治疗的从业人员个人情绪会严重影响其工作效率，在访谈中提到心理咨询与治疗实践中遭遇挫折或其他负面情绪，无法恰当地表达自己的体验或感觉，在与来访者交流的时候有不适当的举措（例如表达了爱慕、憎恨等感情或在压力下崩溃）；"6分"指的是"能让他人和自己冷静下来"，即在压力非常大的情况下，也能够合理运用专业技术使他人冷静下来，并能很好地控制自己的情绪。其他计分点则处于"–1分"和"6分"之间，并具有详细的指标描述，此处不再赘述。其中，"–1分"主要用于对一些不胜任人员的行为进行编码赋分，提示他们可能的一些不胜任的行为。

本研究从3个方面入手，确定编码词表的内容：第一，文献梳理，即通过对已有文献的总结和分析，对农村教师从事心理健康教育应当具备的胜任力特征进行总结。第二，专家访谈，即通过对前文所述的三名相关领域专家的访谈，对农村教师从事心理健康教育应当具备的胜任力特征进行总结。第三，参考由 McBer Company of Boston 开发，中国科学院心理研究所时勘团队引入并修订的《胜任特征辞典》，建立编码词表。最终确定的编码词表如表3-3所示，共包含21个胜任力特征词条，其中17个词条是基于文献梳理、专家访谈，以及参考《胜任特征辞典》后初步形成的，另有4个词条是经过预访谈和预编码后增加的。

表3-3 本研究使用的编码词表

胜任力特征	定义描述	指标划分（篇幅所限，此处以"成就动机"特征为例）
了解农村	了解农村教育的现状、农村儿童的特点（包括心理与行为特点、学习特点等）	参考由 McBer Company of Boston 开发，中国科学院心理研究所时勘团队引入并修订的《胜任特征辞典》（在该材料中，"成就动机"胜任力特征被划分为"-1分"~"8分"10级指标），并结合农村中小学心理健康教育的特点，将"成就动机"这一胜任力特征划分为8级指标： 第1级：符合基本要求，但工作漫不经心，更热心工作以外的事，交流中难以生动描述工作细节，却热切谈论工作以外的话题（该级计-1分）。 第2级：符合基本要求，但仅专注于完成基本工作任务（该级计0分）。 第3级：符合基本要求，努力争取符合标准，偶尔对无效率或低标准表现沮丧（该级计1分）。
扎根农村	愿意扎根农村，热爱农村教育事业，具有在农村地区从教的意愿	
理解共情	能够准确倾听并理解他人（尤其是心理健康教育对象）的感受	
影响能力	能够利用专业的知识和技巧对教育对象产生影响，或作为榜样对其产生影响	
真诚尊重	真诚对待每一位教育对象，尊重其内在的潜能与价值，无条件积极关注教育对象	
建立关系	能够在心理健康教育中与教育对象建立积极、友善、有助于提升教育效果的师生关系	
自控能力	面对外界的干扰、工作的压力等，能够有效地控制自己的情绪，避免不恰当行为的发生	
教学能力	能够承担并完成中小学心理健康教育相关的课程教学任务	

续表

胜任力特征	定义描述	指标划分（篇幅所限，此处以"成就动机"特征为例）
诊断干预	对常见的儿童青少年心理障碍和心理问题具备初步的诊断能力，并开展初步干预	第4级：自己设定并达成超过规定的优异标准（该级计2分）。
沟通能力	与心理健康教育对象及其家人，以及周围的领导、同事开展顺畅的沟通	第5级：自己设定并达成挑战性的目标（该级计3分）。
理性思考	对自己或教育对象遇到的问题能够进行理性思考、合理决策，避免感情用事	第6级：根据农村教育实际不断优化和完善目标，并在实践中努力去达成优化的目标（该级计4分）。
成就动机	希望能够更好地完成工作或达到更高的绩效标准	第7级：基于学生、学校、家庭等多方的分析决策，投入重要的资源和时间改善绩效，尝试全新并具有挑战性的目标，同时降低风险，如推行革新的心理健康教育方式、通过调研了解农村学生的心理需求等（该级计5分）。
知识积累	具备较为丰富的心理健康教育知识，并在实践中坚持不断学习和补充新知识	
人格健全	人格健全，并具有一定的人格魅力，受到教育对象的认可和喜爱	
伦理规范	在心理健康教育实践中遵守相关的法律法规和伦理规范	
观察能力*	对教育对象的语言、动作、表情等具有敏锐的观察能力	第8级：坚持不断创新的精神，采取积极、充分的行动面对挫折和失败，达成创新目标（该级计6分）。
职业兴趣*	对农村中小学心理健康教育工作感兴趣，并愿意为之付出精力	
把握规律*	理解农村中小学生心理与行为发展的规律，并能在实践中按规律办事	
自我认识*	能够在实践中不断深化对自己的认知，并着力提升自我	

注：1. 本表中标注"*"的胜任力特征（即观察能力、职业兴趣、把握规律和自我认识）是经过预访谈和预编码后增加的胜任力特征，其余胜任力特征是基于文献梳理、专家访谈，以及参考《胜任特征辞典》后初步形成的胜任力编码词表。

2. 有些研究在划分胜任力特征的等级标准时，对不同的胜任力特征划分的等级不一致。例如《胜任特征辞典》中将"成就动机"划分为"-1分"~"8分"10级，将"倾听"划分为"-1分"~"5分"7级。考虑到数据分析与比较的便利性，同时参考上文提及的一些研究的做法，本研究对所有的胜任力特征均采用"-1分"~"6分"8级指标划分。

（二）卓越组与普通组访谈时间和字数的差异

将访谈录音转化为文本资料后，通过独立样本 t 检验对卓越组和普通组的访谈时间、文本资料的字数进行差异分析。结果显示，两组在访谈时间和文字资料的字数上均不存在显著差异（如表3-4所示）。其中，卓越组的访谈平均时间为64.30±12.21分钟，文本资料的平均字数是11536.60±1786.13字；普通组的访谈平均时间为62.90±7.50分钟，文本资料的平均字数是11168.60±1500.37字。

表3-4 卓越组与普通组访谈时间和字数的差异

	卓越组（$M±SD$）	普通组（$M±SD$）	t值	p值
访谈时间（分钟）	64.30±12.21	62.90±7.50	0.309	0.761
文本资料字数（字）	11536.60±1786.13	11168.60±1500.37	0.499	0.624

（三）研究的信度检验

对于行为事件访谈研究而言，最为常用的信度指标是归类一致性，即CA系数（category agreement），它指的是不同编码者对相同的文本资料进行相同编码的个数占总编码个数的百分比，百分比越高，表示不同编码者的编码一致性越高。Nygren和Ukeritis（1993）认为，经过训练，不同编码者的一致性应当达到74%~80%；还有学者指出，编码的一致性应该达到80%~85%（仲理峰、时勘，2004；Spencer and Spencer，1993）。本研究参考Winter（1992）提出的计算公式：

$$CA=\frac{2\times T_1\cap T_2}{T_1\cup T_2}$$

其中，T_1表示第一位编码者的编码个数，T_2则是第二位编码者的编码个数，$T_1\cap T_2$指的是两位编码者编码结果相同的个数，$T_1\cup T_2$表示的是两位编码者各自编码个数之和。在本研究中，T_1=402，T_2=388，$T_1\cap T_2$，即两位编码者编码结果相同的个数为308，$T_1\cup T_2$，即两位编码者各自编码个数之和为790。因此根据上述公式，可计算得出CA=77.97%。总体而言，按照上文所述的标准，本研究的归类一致性水平是可以接受的。

（四）访谈资料分析指标的确定

对行为事件访谈资料的分析，最常用的指标有3个：一是胜任力特征发生的频次，即该胜任力特征对应的行为发生的频率越高，表明该胜任力特征越显著。二是胜任力特征的平均等级分数，即按照编码词表对相应的行为进行编码赋分后，该胜任力特征对应行为编码赋分的平均等级分数越高，表明该胜任力特征越显著。三是胜任力特征的最高等级分数，即按照编码词表对相应的行为进行编码赋分后，仅关注胜任力特征对应行为编码赋分的最高等级赋分，该等级分数越高，表明该胜任力特征越显著（Spencer and Spencer，1993）。

以表3-3中"成就动机"胜任力特征为例，假设在某名受访者的文本资料中，"-1分"等级出现2次、"2分"等级出现1次、"4分"出现3次、"5分"等级出现1次，那么该名受访者"成就动机"胜任力特征的发生频次即为7次，平均等级分数为2.43分，最高等级分数为5分。

为确定本研究应采用哪一个指标，参考一些研究的做法（向慧，2007；时勘、王继承、李超平，2002），首先考察这3个指标分别与访谈文本资料字数之间的相关关系。结果发现，采用胜任力特征发生的频次指标，21个胜任力特征中有8个与文本资料的长度（字数）之间相关显著（ps<0.05）；采用胜任力特征的平均等级分数指标，21个胜任力特征中有1个与文本资料的长度（字数）之间相关显著（ps<0.05）；采用胜任力特征的最高等级分数指标，21个胜任力特征中有4个与文本资料的长度（字数）之间相关显著（ps<0.05）。该结果提示，通过胜任力特征的平均等级分数对本研究访谈资料进行分析更合适一些，因为平均等级分数是相对稳定的一个指标，不受到文本资料的影响，无论访谈长短、无论文本字数多少，绝大部分胜任力特征所对应的行为水平是较为稳定的。

综上考虑，本研究在对行为事件访谈的文本资料进行分析时，采用胜任力特征的平均等级分数指标。

（五）访谈资料的分析

在编码小组对所有文本资料开展独立编码完毕后，按照上文确定的分析指标，即采用胜任力特征的平均等级分数指标对文本资料进行分析。基

于独立样本 t 检验的结果发现，卓越组教师 21 个胜任力特征的平均等级分数均高于普通组教师，其中在"了解农村""扎根农村""理解共情""影响能力""真诚尊重""发现问题""理性思考""知识积累""职业兴趣""把握规律"等 10 个胜任力特征上，卓越组教师与普通组教师的平均等级分数均存在显著的差异（ps<0.05，见表 3-5）。

表 3-5　卓越组和普通组教师在胜任力特征上的平均等级分数差异

	卓越组（N=10）		普通组（N=10）		t 值	ps 值
	M	SD	M	SD		
了解农村	3.321	0.941	2.117	0.668	3.298	0.004
扎根农村	2.635	0.973	1.722	0.834	2.254	0.037
理解共情	3.208	0.871	2.135	0.832	2.816	0.011
影响能力	4.013	0.855	2.545	1.016	3.496	0.003
真诚尊重	2.875	0.540	2.035	0.593	3.312	0.004
建立关系	2.410	0.823	2.257	0.954	0.384	0.705
自控能力	2.427	1.175	1.927	0.699	1.156	0.263
教学能力	1.985	0.817	1.928	0.945	0.144	0.887
诊断干预	1.839	0.695	1.583	0.639	0.858	0.402
发现问题	2.704	0.916	1.826	0.789	2.296	0.034
危机干预	1.443	0.667	1.439	0.492	0.015	0.988
沟通能力	2.211	0.725	2.108	0.700	0.323	0.750
理性思考	2.392	0.638	1.765	0.464	2.513	0.022
成就动机	1.690	0.648	1.423	0.443	1.076	0.296
知识积累	2.332	0.574	1.708	0.421	2.771	0.013
人格健全	2.118	0.611	2.015	0.531	0.403	0.692
伦理规范	3.246	0.483	2.853	0.569	1.665	0.113
观察能力	2.253	0.414	1.952	0.630	1.263	0.223
职业兴趣	2.347	0.595	1.763	0.420	2.536	0.021
把握规律	2.667	1.014	1.799	0.704	2.224	0.039
自我认识	2.165	0.611	1.862	0.763	0.980	0.340

注：所有胜任力特征的方差均齐性（ps>0.05）。

以上结果在一定程度上表明，卓越组教师和普通组教师心理健康教育胜任力的差异主要体现在这 10 个方面。现将这 10 个方面的部分访谈实录展现如下，用以表现两组教师在这些方面的差异（考虑到论文篇幅所限，此处每个胜任力特征仅列举较具有代表性的卓越组教师和普通组教师的访谈实录各一份）。

1. 了解农村

卓越组某位教师[①]：自己就是农村出来的，按现在的话说就是留守儿童，小时候一直到中学都是跟爷爷奶奶住在乡下的，所以我对这些孩子们还算是比较了解的，他们有什么想法、有什么打算，我基本上能知道，也能跟他们家长，包括老人，他们爷爷奶奶那些，能说得上。他们觉得你和他们是一类人，很多工作也就好做了。

普通组某位教师：现在回想起来，那次（笔者注："那次"指的是访谈中提及的一次组织心理健康教育活动不成功的经历）做得不好很大程度上是不了解这些孩子们的需求，完全想当然了。

2. 扎根农村

卓越组某位教师：我都干了这么多年了，一直就在这里。不是唱高调啊，确实，你做下来就慢慢知道了，还是有意义的，我们农村的学校，需要有人坚持做下来。

普通组某位教师：其实这里比我想象的要好很多，你看这些硬件条件，跟一二线大城市比不了，但也不比县城的学校差了。但是吧，你说让我一直待在这里，说实话，我可能真的不是太愿意。家里也在帮我打听，有没有机会工作一段时间以后能再调动的。

3. 理解共情

卓越组某位教师：我虽然不是专业学心理学的，但做德育工作这么久，很多做的都是心理工作，老一套的说教对这些孩子没用的。你得理解他们的想法，知道他们想做什么，再顺藤摸瓜做下去，这才行。

普通组某位教师：同"了解农村"部分。

---

① 由于前文出现了受访者的部分信息，例如表3-2中涉及受访者的年龄、性别、从教地区等信息。出于保护受访者隐私的考虑，此处受访者全部用"卓越组某位教师"和"普通组某位教师"替代。

4. 影响能力

卓越组某位教师：我说话他们能听，也愿意听，我觉得这个就是最重要的。

普通组某位教师：我其实很困惑，经常搞活动蛮热闹了，但搞完就搞完了，好像对他们没什么影响，以前怎么样，搞完以后还是怎么样。这个就让人很无力了。

5. 真诚尊重

卓越组某位教师：你要说语文数学这些主课，那要对他们严格一些，你不严格他不好好学。做心理工作就不一样了，你要尊重他们，让他们知道你是真心对他们才行。

普通组某位教师：我知道要尊重心理工作的对象，但是我觉得你尊重他吧，就好像没有老师的威信了，他就跟你嬉皮笑脸。可能是我还没有找到方法吧。

6. 发现问题

卓越组某位教师：心理工作吧，就是个防患未然，这件事（笔者注："这件事"指的是受访者之前谈及的在心理健康教育实践中的经历）还是我们发现得早，这要是当时没发现，小孩真有个什么想不开的，也是个麻烦事。

普通组某位教师：目前还处于被动接受的阶段，就是学校布置了什么任务，我就去做。领导跟我说哪个孩子需要去跟他谈谈心，我就去谈。还做不到自己发现问题。

7. 理性思考

卓越组某位教师：农村的孩子啊，不像城市孩子，父母给他规划得很好。我们做心理工作不一定是有什么心理问题，就是给他分析清楚，让他知道应该做什么，有点像生涯规划吧。那我们老师自己肯定要思路很清楚，这样才能让他们不糊涂啊。

普通组某位教师：别说学生了，我自己有时候也觉得很迷茫啊，碰到问题的时候思路也不是特别的清楚。

8. 知识积累

卓越组某位教师：为什么现在都说"终身学习"，知识更新快啊，以前接触心理学，就知道弗洛伊德、就知道行为干预什么的。现在的这些心理学的方法真的多啊，我们不也是一点点地看、一点点地学嘛。

普通组某位教师：学校学的东西肯定不够，或者说可能都没什么用，还是要实践，实践积累知识，我现在就觉得学校学的东西实在不是太用得上，真正需要的还没来得及学。

9. 职业兴趣

卓越组某位教师：这个工作吧，不知道你能不能理解，是越做越喜欢，目的是帮助他们，但你自己也会有收获的。

普通组某位教师：称不上喜欢（这个工作）吧，反正都是要做的工作。

10. 把握规律

卓越组某位教师：做得时间长了，自然知道一些规律性的东西，按照这些规律去做，比完全按照理论的东西来效果还是要好的。

普通组某位教师：慢慢做的吧，说实话现在也不是很能把握一些特点，还是只能凭经验一点点去尝试，觉得效果不好再调整。

（六）胜任力模型的初步建立

基于以上分析，按照"鉴别性胜任特征"和"基准性胜任特征"的分类，以上关于农村教师从事心理健康教育工作的胜任力特征亦可划分为这两大类。其中，"鉴别性胜任特征"（即指能够将特定工作中的一般绩效者与卓越绩效者区分开的特质）包括了解农村、扎根农村、理解共情、影响能力、真诚尊重、发现问题、理性思考、知识积累、职业兴趣、把握规律这10个胜任力特征，其余胜任力特征可以划归为"基准性胜任特征"（即指胜任某项工具需要具备的一些基础的特质)。

在此基础上,如图3-2所示,初步构建农村中小学教师心理健康教育胜任力的模型。从图3-2可以看出,总共21个胜任力特征可以划分为6个维度,分别是乡村情怀、能力技巧、人格特质、自我调整、知识积累和伦理规范,每一个维度都包含了一个或多个胜任力特征,其中一些是鉴别性特征,一些是基准性特征。以"人格特质"维度为例,要胜任农村中小学的心理健康教育工作,从业人员必须具备健全的人格,这是在人格特质方面从事该项工作的基本条件。在此基础上,如能进一步具备共情、理解、真诚等人格特质,那便有助于该从业者逐步成长为该职业领域的卓越者。但有些维度只包含鉴别性特征或基准性特征,例如伦理规范维度仅包含一个基准性特征,这并不难理解,对于心理健康领域的从业人员而言,无论是卓越者还是普通者,知晓并遵守基本的伦理规范是必须具备的胜任力特征之一,因此对于该维度而言,仅包含这一个基准性特征是合理的。再比如在乡村情怀维度中,了解农村和扎根农村这两个胜任力特征均属于鉴别性特征,这就意味着,如果具备了其他的一些基准性特征,那么该从业人员也能在一定程度上完成农村中小学的心理健康教育工作,但如果想成为一名卓越的农村中小学心理健康教育工作者,则必须进一步了解农村实际和农村儿童的特点,并有扎根农村、服务农村的情怀。

鉴别性特征→	了解农村 扎根农村	发现问题 把握规律	理解共情 影响能力 真诚尊重 理性思考	职业兴趣	知识积累	
基准性特征→		建立关系 教学能力 诊断干预 危机干预 沟通能力 观察能力	人格健全	自控能力 成就动机 自我认识		伦理规范
胜任力分类→	乡村情怀	能力技巧	人格特征	自我调整	知识积累	伦理规范

农村中小学教师心理健康教育胜任力特征

图3-2 农村中小学教师心理健康教育胜任力模型

四、讨论与分析

本研究基于行为事件访谈的方法初步确定了农村中小学教师心理健康教育胜任力模型,展示了农村中小学教师从事心理健康教育工作应当具备的一些胜任力特征。总的来说,这一模型包含 6 个维度和 21 个具体的特征,每一个维度都包含了 21 个具体特征中的一个或多个,其中一些是鉴别性特征,一些是基准性特征。具体而言,这 6 个维度分别是乡村情怀、能力技巧、人格特质、自我调整、知识积累和伦理规范。

乡村情怀主要涉及农村地区教师对农村教育的认识,特别是其对农村和农村教育的了解程度,以及是否愿意扎根农村,长期从事农村教育事业。在这其中,"了解农村"和"扎根农村"两个具体的胜任力特征均属于鉴别性胜任力特征,是卓越型农村中小学心理健康教育实践者应当具备的特征。正如前文所言,如果具备了其他的一些基准性特征,那么该领域的从业人员也能在一定程度上完成农村中小学的心理健康教育工作,但如果想成为一名卓越的农村中小学心理健康教育工作者,则必须进一步了解农村实际和农村儿童的特点,并有扎根农村、服务农村的情怀。

能力技巧主要指的是开展农村中小学心理健康教育实践中,从业教师应当具备的一些实践的能力和实践的技巧。这其中有些能力和技巧是所有该领域的从业教师都应具备的特征,即基准性胜任力特征。例如与教育对象建立良好、和谐的关系,并开展有效的沟通,这些也是有效开展心理健康教育的重要前提(李华伟,2015;Oswaldo, Lupe, and Elisa, 2012);再比如当学生出现心理问题时,能够及时准确地进行初步的诊断和干预,这亦是心理健康教育工作者理应具备的基本能力(Kohrt, Jordans, and Rai, 2015);此外,对于学校心理健康教育工作者而言,还应当具备基本的课堂教学能力,尤其是组织和开展心理健康相关的课堂教学的能力(杨晓霞、张仁芳,2011)。在此基础上,"发现问题"和"把握规律"被看作是卓越型农村中小学心理健康教育实践者的特征,即鉴别性胜任力特征。

如果说基准性特征是被动地面对问题的话,那么"发现问题"和"把握规律"这两个鉴别性特征就是主动地解决问题的过程,基于对农村、农村教育和农村儿童的理解,卓越型实践者能够有效地把握农村儿童心理与行为发展的规律,并从规律出发主动发现可能存在的心理隐患,进而做到防患于未然。

人格特质主要指的是开展农村中小学心理健康教育实践中,从业教师应当具备的人格方面的特征。其中,具备健全的人格是从事该领域实践的基准性特征,即每一位该领域的从业者都应是人格健全者。在此基础上,农村中小学教师如能具备基本的心理健康教育能力和技巧,那么他便能完成该领域的基本任务。但是,如果想在该领域的实践中展现出卓越的表现,那还应具备其他的一些人格特质,例如对心理健康教育对象的尊重、真诚、理解、共情。其实这不仅是对于农村中小学的心理健康教育工作者,对于广大心理健康领域的从业人员都是如此,只有真诚地理解和尊重心理健康服务的对象,并对其有着积极的共情,心理健康服务才更容易产生积极的效果(Mousa,2015)。

自我调整主要指的是农村中小学教师在面对心理健康教育实践中的一些问题时,能否有效地开展自我调整的能力。例如心理健康服务类的工作者常被称为"情绪的垃圾桶",经常需要接受服务对象宣泄出的消极情绪,学校心理健康工作者也不例外,面对学生宣泄的消极信息以及在面临工作和生活的压力时,能否积极地开展自我调整,也是该领域从业者应当具备的基本能力;另外,如何在自我认识的基础上,不断地调整对农村中小学心理健康教育的认识,合理定位该项工作的成就动机,也是该领域从业者理应关注的问题。而在自我调整这一维度上,卓越者与普通者最大的差异就是"职业兴趣",卓越者往往将农村中小学心理健康教育作为自己的职业兴趣所在,愿意为之花费精力去不断学习,也愿意为此更好地理解农村教育和农村儿童;但相比而言,普通者更多地只是将其作为本职工作,努力完成分内之事即可。

知识积累指的是开展农村中小学心理健康教育实践中,从业教师对相关知识的继续学习和积累程度。在该维度上，仅包含一个鉴别性特征。无论是上文对专家的访谈，还是对农村教师的访谈，抑或一些研究的结论（Strupp，1986）都指出，从业或实践的经验是评价一名心理健康相关领域的从业人员的有效指标。因此基于经验的积累，即使没有丰富的知识积累，普通的心理健康从业者也能够在一定程度上完成基本的工作。然而，所谓"理论指导实践"，如果想在此基础上成为卓越型的农村中小学心理健康教育者，知识的积累是必不可少的，这其中既包括心理健康教育的基础知识，也包括农村教育与农村儿童心理发展的相关知识，还有心理健康服务的新技术和新发展相关的知识。

伦理规范指的是农村中小学教师在从事心理健康教育实践过程中需要了解并严格遵守相关的伦理规范，例如尊重教育对象的人格、保护教育对象的隐私等。该维度仅包含一个基准性特征，这并不难理解，对于心理健康领域的从业人员而言，无论是卓越者还是普通者，知晓并遵守基本的伦理规范是必须具备的胜任力特征之一（Chiumento et al.，2017），因此对于该维度而言，仅包含这一个基准性特征是合理的。

该研究结论与Spencer夫妇对于"基准性胜任力特征"和"鉴别性胜任力特征"的分类并不一致。在Spencer夫妇看来，任何可以被准确测量并且能够区分特定工作中表现优异者与表现普通者的特征都可以被纳入胜任特征之中，既包括人格特质、行为动机、态度价值观等心理特征，也包括知识、技能等与工作相关的能力储备，甚至包括自我形象等外在特质。总的来说，他们认为以知识和技能等为代表的那些表层的胜任力特征主要是基准性特征，而那些与心理特征相关的深层胜任力特征则多为鉴别性特征，是决定人们在特定工作中行为效率的关键因素（Spencer and Spencer，1993）。但是在本研究中，"基准性特征"和"鉴别性特征"的分类并非与"表层特征"和"深层特征"完全对应，例如在本研究模型的"基准性胜任力特征"中，既包括教学能力、诊断干预能力等知识技能型的特征，也包括人格、成就动机等在Spencer夫妇看来属于深层特征的因素；相反，在本研究模型的"鉴别性胜任力特征"中，除了包括理解共情、真诚尊重等人格特质外，同样也包括知识积累等在Spencer夫妇看来属于表层特征的因素。该结果与肖丁宜等人（2016）的研究结论一致，在他们关于团体心理咨询与治疗师胜任特征的研究中，"基准性特征"和"鉴别性特征"的分类也与"表层特征"和"深层特征"不一致。但我们并不能因此而武断地否定Spencer夫妇的理论，正如图3-2本研究所建构的模型所示，关于能力技巧这一类在Spencer夫妇看来属于表层特征的因素中，大部分特征确实属于基准性胜任力特征；同样地，关于人格特质这一类在Spencer夫妇看来属于深层特征的因素中，大部分特征也的确属于鉴别性胜任力特征。总的来说，内在特质是相对稳定的，而知识技能的水平是可以通过训练和学习得以迅速提升的，这也是Spencer夫妇得出以上结论的重要考虑。

最后，需要指出的是，该模型的建构也存在一些局限之处，需要在今后的研究中加以关注：第一，研究的样本量有待进一步扩大。本研究基于20名乡村教师的行为事件访谈，初步构建了该群体从事农村中小学心理健康教育的胜任力模型，尽管样本量符合行为事件访谈研究的要求，但如能进一步扩大样本，相信研究的准确性亦能进一步提升。第二，样本的代表性有待进一步提升。尽管本研究在选取样本的过程中，在使用滚雪球抽样的同时，还秉持最大差异的原则，兼顾性别、年龄、地区等因素，以提升研究样本的代表性和覆盖面。但需要指出的是，本研究的取样仅限于江苏省内，因此该模型是否也同样适用于其他农村地区的教师群体，也值得进一步探讨。第三，模型的内涵性有待进一步扩展。本研究初步构建的胜任力模式包含6个维度和21种具体的胜任力特征，总体而言，较为全面地概括了农村中小学教师从事心理健康教育工作应当具备的胜任力内容。但除此之外，是否还有其他的胜任力特征也是该群体应当具备的，这也是今后研究可以进一步关注的问题。

第四章　农村中小学教师心理健康教育胜任力问卷的初步编制（研究2）

一、引言

研究1对农村地区教师中小学心理健康教育胜任力的模型进行了初步的构建，在一定程度上有助于我们了解该群体开展中小学心理健康教育实践的能力。但是正如研究1最后所言，该研究的样本量还值得进一步扩大，以进一步提升研究的准确性。由此不难看出，模型的建构并不能帮助我们在大范围内对该群体胜任力的现状有所了解。如果说建构模型回答了"是什么"的问题，即回答了农村地区中小学教师从事心理健康教育实践应当具备哪些胜任力特征，那么我们还需要回答"怎么样"的问题，即回答该群体的胜任力水平到底如何。此外，除了基于农村中小学教师群体回答"怎么样"的问题，本研究还需要关注的是乡村定向师范生群体的胜任力水平。

要准确回答"怎么样"的问题，势必要开展大规模的调查，而开展大规模调查的前提是要有适合开展大规模调研的工具。因此，研究2的目的就是开发该工具，为后续的大规模调研提供工具基础。

按照测量学理论，编制教育与心理测量工具（即测量问卷）的第一步是围绕测量目标开展访谈，并由此初步确定问卷的维度和结构，后续问卷项目的编制都是在此基础上而开展的。在本研究中，研究 1 恰好起到了该作用，其通过行为事件访谈初步确立农村中小学教师心理健康教育胜任力的维度（即研究 1 中所确定的 6 个维度和 21 个具体的胜任力特征），后续问卷项目的编写则可由此展开。

二、问卷的初步编制

（一）初始项目的形成

围绕研究 1 中形成的 21 个胜任力特征，研究者与前文所述编码小组的成员，以及一名学前教育专业的博士研究生、一名心理学专业的博士研究生、一名学前教育专业的硕士研究生共同讨论，最终形成了 42 个初始项目，每个胜任力特征均包含两个项目，例如"扎根农村"这一特征下包含"我愿意长期从事农村教育事业""我有服务农村教育事业的情怀"两个项目，"理解共情"这一特征下包含"我能体会学生的所思所想""我能准确识别学生的情绪"两个项目（具体内容见本书"附录"部分）。

此外，需要指出的是，初始项目的表述中并未特意强调"心理健康教育"的情境，例如"教学能力"特征的表述是"我会把心理健康教育元素融入课堂教学"，而不是从事专门的心理健康教育课程教学，"真诚尊重""建立关系"等特征的项目表述是"我能做到尊重学生""我能做到真诚对待学生""我能够建立良好的师生关系"等，也未强调是在心理健康教育实践中。

如此操作主要基于以下几点考虑：第一，本研究的最终目的是研究乡村定向师范生的心理健康教育胜任力，而研究 1 是基于已经在农村从事中小学教育的教师而建立胜任力模型的，因此在初始项目的语言表述方面，还考虑到了师范生群体和已工作教师群体的通用性。第二，师范生在实习和见习过程中并不一定从事过专门的心理健康教育实践工作，缺乏相应的实践经验，因此不能将测查情境限定在特定的心理健康教育情境中。第三，乡村定向师范生的专业几乎涵盖中小学教学的所有专业，但唯独缺少心理健康教育专业，这也客观上决定了乡村定向师范生在走上工作岗位后，并不会专门从事心理健康教育工作，但了解心理健康教育的主要方法、掌握心理健康教育的基本技巧、将心理健康教育元素融入其他课程的教学等，依然是该群体今后需要关注的问题。第四，真诚、尊重、建立良好师生关系等，无论是对于心理健康教育，还是对于其他的教育教学实践而言，都是教师应当具备的能力和特质，因此也没有将其限定在特定的情境之中。

所有项目均采用 Likert 五点计分，其中"1"表示"完全不符合"，"2"表示"基本不符合"，"3"表示"中间状态"，"4"表示"基本符合"，"5"表示"完全符合"。所有项目的得分相加，总分越高，表示受测者的胜任力水平越高。

（二）研究对象的选取

向江苏省内 300 名农村中小学教师发放包含 42 个项目的初始问卷，回收有效问卷 283 份，问卷有效回收率为 94.33%。无效问卷主要指的是未完成全部问卷内容、所有项目均选择同一答案、未反馈问卷结果等。其中，男性 92 人、女性 190 人，另有一人未填写性别等个人信息。年龄分布在 23～50 岁，平均年龄为（33.35±6.13）岁。

（三）数据录入与分析

收集到的问卷数据通过 SPSS20.0 软件进行录入和分析，在描述性分析的基础上，通过独立样本 t 检验、项目决断值和鉴别力指数的计算进行初始问卷的项目分析，通过探索性因素分析进行问卷维度的探索。

（四）数据结果

1. 描述性统计

对所有项目进行描述性统计，结果如表 4-1 所示。

表 4-1　初始问卷测试的描述性统计

项目	M	SD	项目	M	SD	项目	M	SD
1	3.184	0.843	15	3.445	0.785	29	3.449	0.867
2	3.230	0.949	16	3.629	0.957	30	3.834	0.849
3	3.177	0.945	17	3.216	0.846	31	4.399	0.663
4	3.375	1.004	18	3.219	0.997	32	3.852	0.899
5	3.601	0.989	19	3.187	0.801	33	3.442	0.930
6	3.795	1.035	20	3.219	0.986	34	4.541	0.625
7	3.229	0.899	21	3.244	0.826	35	3.360	0.687
8	3.346	1.052	22	2.880	0.855	36	3.505	0.920
9	3.534	0.965	23	3.233	0.769	37	3.611	0.775
10	3.689	1.033	24	3.403	0.982	38	3.600	0.911
11	3.353	1.008	25	3.601	0.899	39	3.403	0.695
12	3.578	1.018	26	3.753	0.947	40	3.534	0.935
13	3.315	0.844	27	3.572	0.766	41	3.636	0.667
14	3.322	1.024	28	3.548	0.919	42	3.601	0.842

如表 4-1 所示，在所有项目中，平均数最高的是项目 34 "在心理健康教育及相关的教育实践中，我会遵守相关的伦理和道德规范"（M=4.541，SD=0.625）和项目 31 "我是一个人格健全的人"（M=4.399，SD=0.663）。其中，遵守相关职业领域的伦理和道德规范是所有行业从业人员都应具备的基本胜任力之一，因此该项目的得分最高并不难理解；此外，考虑到自陈式问卷填写过程中可能存在的"社会称许效应"，这两个项目的分数最高也是正常和合理的。

此外，平均数最低的是项目 22 "当学生出现心理危机时，我有能力开展初步干预"（M=2.880，SD=0.855）。这在一定程度上表明，尽管农村中小学教师有从事心理健康教育的想法，可能也具备一定该方面的能力，但在专业性很强的心理干预方面，可能还有所欠缺。这一方面提示后续的研究要对此问题加以关注，另一方面也提示相关教师培训应当关注这方面的问题，即提升农村中小学教师初步开展学生心理干预的基本能力。

2. **项目分析**

通过计算项目的决断值（critical value，也称 CR 值）和鉴别力指数（discrimination index，也称 D 值）对初始项目进行项目分析。按照 CR 值和 D 值的计算步骤，首先要将初测数据进行分组，其中总分处于前 27% 的受测者作为高分组，后 27% 作为低分组。之后，以此分组为标准，通过独立样本 t 检验来检验在每个项目上，高分组和低分组的差异。此时，独立样本 t 检验结果中的 t 值指的就是 CR 值，如果 t 值或 CR 值未达到显著性水平，则提示该项目的区分度可能不佳，需要重点考虑是否予以删除。

按照此标准，项目 31 "我是一个人格健全的人"、项目 33 "我知晓学校心理健康教育实践中教师应当遵守的伦理和道德规范"和项目 34 "在心理健康教育及相关的教育实践中，我会遵守相关的伦理和道德规范"三个项目暂未达标，其中项目 31 的 CR 值为 0.374（p=0.709），项目 33 的 CR 值为 1.482（p=0.140），项目 34 的 CR 值为 0.442（p=0.659），其余项目的 CR 值均达到显著性水平（$ps<0.05$）。

此外，在高低分组的基础上，D 值指的是高分组与低分组的得分率[①]之差。按照教育与心理测量学的标准，当 D 值 > 0.2 时，表示该项目的区分度尚可，可以接受（如大于 0.4 则更佳），若 D 值 < 0.2 则提示该项目的区分度可能不佳，需要重点考虑是否予以删除（戴海崎、张锋，2018）。根据这一标准，除上述 31（D=0.008）、33（D=0.039）和 34（D=0.011）3 个项目以外，项目 2 "我熟悉农村儿童的心理与行为特点"和项目 3 "我愿意长期从事农村教育事业"的 D 值也未达标，其中项目 2 的 D 值为 0.071，项目 3 的 D 值为 0.115。

基于以上结果，需重点考虑项目 2、项目 3、项目 31、项目 33 和项目 34 是否应当予以删除。《心理学大辞典（下卷）》（林崇德，2003）提示，不符合项目分析要求（即 CR 值或 D 值不达标）的项目也不要轻易舍弃，因为用内部一致性分析所求得的鉴别力不一定能代表测验的效度，相关指标不达标的项目也不一定表示该试题有缺点，项目分析资料的有效性并不是固定不变的，而是随着情境不断变化的。因此，需要对以上项目进行综

[①] 每个项目的得分率指的是该项目的平均得分与最高得分之比，由于该问卷采用 Likert 五点计分，故项目的最高得分为 5。

合分析。

不难看出，这 5 个项目可以分为两类，一类是由项目 2 和项目 3 组成的，主要涉及受测者对农村教育的认知；另一类是由项目 31、项目 33 和项目 34 组成的，主要涉及受测者对心理健康教育中的一些因素的认知。但这两类都可能出现一个问题，即受测者的回答较为一致，以至于项目的区分度可能不佳：对于第一类项目，由于受测者本身就是农村地区中小学的教师，在进行职业选择的时候，那些对农村教育和农村儿童不甚了解、不愿意从事农村教育事业的预备师资可能已经流向了其他地区，而选择来到农村从事教育事业的人可能本身也是了解农村教育、了解农村儿童、拥有农村教育情怀的人，因此可能出现该群体对这几个项目的回答较为一致。对于第二类项目而言亦是如此，尽管农村中小学教师从事心理健康教育的能力不尽相同，但是对一些心理健康教育的基本认识和能力却是一致的，例如教师应当具备健全的人格、在开展心理健康教育的实践中应当遵守相应的伦理和道德规范等，因此在这些项目上出现区分度不高的现象也是可以理解的。基于以上考虑，尽管从教育与心理测量学的角度而言，这 5 个项目并不完全符合测量工具的标准，但此处暂时将这 5 个项目予以保留，结合后续因素分析的结果再做进一步分析。

3. 探索性因素分析

为探索初始问卷的结构维度，对 42 个项目进行探索性因素分析。首先进行 Bartlett 球形检验（Bartlett's Test）和 KMO 检验（Kaiser-Meyer-Olkin Measure of Sampling Adequacy），以判断数据是否适合开展探索性因素分析。结果显示，在 Bartlett 球形检验中，χ^2=22039.763（df=861，p=0.000），KMO 值为 0.857。在 Kaiser（1974）提出的标准中，KMO > 0.9 表示该数据极其适合做因子分析，KMO > 0.8 表示该数据比较适合做因子分析。以上数据结果表明，该数据可以进行探索性因素分析。

在此基础上，通过主成分分析法（principal component analysis）和方差最大（varimax）正交旋转，结合特征值（以 1 为特征值临界点）和碎石图来抽取公共因子。结果显示，特征值＞1的公共因子有9个，这9个公共因子总共可以解释总变异的84.681%。

参考雷雳和杨洋（2007）的做法，通过以下4个标准来进一步确定公共因子的合理性：第一是特征值，即抽取出的公共因子的特征值应大于1；第二是碎石图，即公共因子的数目应当和碎石图的趋势保持一致；第三是变异的解释率，即抽取出的每个公共因子至少能够解释总变异的3%；第四是公共因子的数量，一般情况下，问卷应当包含至少3个公共因子。结合表4-2、表4-3和图4-1的数据可见，本研究数据中所抽取出的9个公共因子均符合以上4条标准。

表4-2 公共因子的特征值和方差解释率

公共因子	特征值	方差解释率（%）	累计方差解释率（%）
1	13.714	17.489	17.489
2	6.373	16.069	33.548
3	4.706	15.041	48.588
4	3.470	14.709	63.297
5	2.261	8.033	71.330
6	1.724	4.007	75.337
7	1.207	3.170	78.507
8	1.082	3.152	81.659
9	1.029	3.023	84.681

表4-3 初始项目探索性因素分析的负荷矩阵

项目	因子1	因子2	因子3	因子4	因子5	因子6	因子7	因子8	因子9	共同度
1					0.881					0.813
2					0.897					0.843
3					0.861					0.842
4					0.861					0.821
5			0.838							0.783
6			0.918							0.917
7	0.873									0.911
8				0.829						0.925
9			0.862							0.807
10			0.919							0.888

续表

项目	因子1	因子2	因子3	因子4	因子5	因子6	因子7	因子8	因子9	共同度
11			0.802							0.787
12			0.856							0.785
13	0.863									0.861
14				0.823						0.915
15		0.861								0.827
16		0.851								0.850
17	0.884									0.941
18				0.849						0.917
19	0.910									0.952
20				0.849						0.937
21	0.904									0.943
22				0.753						0.725
23	0.891									0.922
24	0.455			0.773						0.887
25			0.593							0.800
26			0.737							0.804
27		0.907								0.940
28		0.873								0.930
29					0.767					0.715
30					0.728					0.674
31								0.895		0.851
32			0.793							0.804
33							0.739			0.626
34										0.511
35	0.763								0.424	0.870
36				0.752					0.462	0.906
37		0.896								0.897
38		0.873								0.914
39	0.715								0.477	0.867
40				0.759					0.474	0.910
41		0.868								0.901
42		0.810								0.847

注：表中仅列出因子负荷在 0.4 以上的数据。

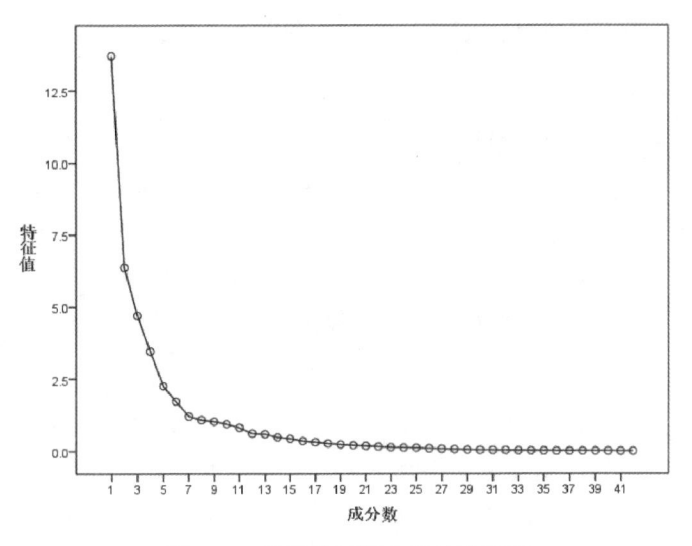

图 4-1　探索性因素分析的碎石图

表 4-3 呈现了 42 个项目在抽取出的 9 个公共因子上的负荷数据，其中有几点值得关注。

第一，项目 35、项目 36、项目 39、项目 40 在不同因子上的负荷超过 0.4，例如项目 35 在因子 1 上的负荷是 0.763，在因子 9 上的负荷是 0.424。尽管均超过 0.4，但考虑到这几个项目在不同因子上的负荷差异较大，并结合前文胜任力模型的内容，故暂以负荷较大的数据为准，即将项目 35 和 39 划入因子 1，将项目 36 和项目 40 划入因子 4，后续通过验证性因素分析再进一步确认问卷结构的合理性。

第二，因子 7 和因子 8 均只包含一个项目，前者包含项目 33，后者包含项目 31。此外，项目 34 在所有因子上的负荷均没有超过 0.4。这与上文的分析是一致的，即在这些项目上，受测者的回答较为一致，以至于项目的区分度可能不佳。这 3 个项目主要涉及受测者对心理健康教育中的一些因素的认知，尽管农村中小学教师从事心理健康教育的能力不尽相同，但是对一些心理健康教育的基本认识和能力却是一致的，例如教师应当具备健全的人格、在开展心理健康教育的实践中应当遵守相应的伦理和道德规范等，因此在这些项目上出现因子负荷数据不理想也就不难理解了。

第三，基于探索性因素分析的数据和以上分析，可以将42个项目初步划分为以下维度：

维度1包含8个项目（项目7、项目13、项目17、项目19、项目21、项目23、项目35、项目39），主要涉及图3-2胜任力模型中"能力技巧"的部分内容。

维度2包含8个项目（项目15、项目16、项目27、项目28、项目37、项目38、项目41、项目42），主要涉及图3-2胜任力模型中"自我调整"的部分内容。

维度3包含9个项目（项目5、项目6、项目9、项目10、项目11、项目12、项目25、项目26、项目32），主要涉及图3-2胜任力模型中"人格特质"的部分内容。

维度4包含8个项目（项目8、项目14、项目18、项目20、项目22、项目24、项目36、项目40），主要涉及图3-2胜任力模型中"能力技巧"的部分内容。

维度5包含4个项目（项目1、项目2、项目3、项目4），主要涉及图3-2胜任力模型中"乡村情怀"的部分内容。

维度6包含2个项目（项目29、项目30），主要涉及图3-2胜任力模型中"知识积累"的部分内容。

此外，还包括上述单独列出的项目31、项目33和项目34。

（五）讨论与分析

在问卷的初始编制过程中，首先根据研究1中确定的胜任力模型中21个胜任力特征，初步编制了包含42个项目的初始问卷。在这42个项目中，除项目2、项目3、项目31、项目33和项目34以外，其余项目的项目分析指标均达标。

进一步开展探索性因素分析可知，该问卷的结构与研究1中确定的胜任力模型基本对应。其中，维度1包含8个项目，主要涉及胜任力模型中"能力技巧"的部分内容。同时，维度4包含8个项目，也同样涉及胜任力模型中"能力技巧"的部分内容。进一步分析这两个维度可以发现，维度 4 所涉及的能力和技巧明显要比维度 1 更难。例如同样是"危机干预"这一胜任力特征，维度 1 中项目 21 的表述是"当学生出现心理危机时，我能做到'临危不乱'"，而维度 4 中项目 22 的表述是"当学生出现心理危机时，我有能力开展初步干预"；再比如同样是"把握规律"这一胜任力特征，维度 1 中项目 39 的表述是"我了解农村儿童身心发展的规律"，而维度 4 中项目 40 的表述是"我在教育实践中能够做到按规律（学生身心发展的规律）办事"。很显然，维度 1 中的内容尚处于认知层面，而维度 4 的内容则要深入到实践层面，因此出现这样的差异也是可以理解的。故此处暂将这两个维度分别命名为"能力技巧1"和"能力技巧2"。

维度 2 包含 8 个项目，与研究 1 中确定的胜任力模型中"自我调整"部分相对应，故此处依然将其命名为"自我调整"。

维度 3 包含 9 个项目，与研究 1 中确定的胜任力模型中"人格特质"部分基本相对应，故此处依然将其命名为"人格特质"。此外，在初始问卷编制的过程中，该部分还包含项目 31"我是一个人格健全的人"，该项目由于前文分析的原因，被单独列出了。

维度 5 包含 4 个项目，与研究 1 中确定的胜任力模型中"乡村情怀"部分对应，故此处依然将其命名为"乡村情怀"。

维度 6 包含 2 个项目，与研究 1 中确定的胜任力模型中"知识积累"部分对应，故此处依然将其命名为"知识积累"。

此外，项目 33 和项目 34 与研究 1 中确定的胜任力模型中"伦理规范"部分对应，尽管表 4-3 的数据提示这两个项目并不能纳入其他维度或组成维度，但考虑到前文的分析，即伦理规范维度的特殊性，此处暂将这两个项目合并，将其命名为"伦理规范"，待后续验证性因素分析进一步检验。

总的来说，初步编制的问卷与研究 1 中确定的胜任力模型（图 3-2）基本对应，仅仅是将"能力技巧"部分拆分为两个维度。如此一来，初始问卷包含 7 个维度，这 7 个维度与胜任力模型是否一致？问卷的信度、效度等指标是否达标？这些问题将在后续研究中做进一步检验。

三、问卷的再测与验证

（一）研究对象的选取

向江苏省内 450 名农村中小学教师（此处所有受测者均未接受初测的测试）发放经过初步检验的问卷，回收有效问卷 412 份，问卷有效回收率为 91.56%。无效问卷主要指的是未完成全部问卷内容、所有项目均选择同一答案、未反馈问卷结果等。其中，男性 133 人、女性 279 人。年龄分布在 24～51 岁，平均年龄为（32.91±5.93）岁。

（二）数据录入与分析

收集到的问卷数据通过 SPSS20.0 软件进行录入和分析，主要涉及问卷的信度分析和部分效度分析，包括内部一致性系数、重测信度、内容效度等。此外，通过 AMOS21.0 软件对数据进行验证性因素分析，进而确定问卷的结构效度。

（三）数据结果

1. 描述性统计

对所有项目进行描述性统计，结果如表 4-4 所示。总体而言，此处描述性统计结果与初测数据的描述性统计结果（表 4-1）大体一致，其中平均分数最高的依然是项目 34 "在心理健康教育及相关的教育实践中，我会遵守相关的伦理和道德规范"（M=4.527，SD=0.617）。这也在一定程度上说明问卷测查的结果较为稳定。

表 4-4 问卷再测的描述性统计

项目	M	SD	项目	M	SD	项目	M	SD
1	3.248	0.841	15	3.570	0.766	29	3.498	0.850
2	3.233	0.935	16	3.765	0.915	30	3.876	0.803
3	3.221	0.945	17	3.364	0.813	31	4.410	0.643
4	3.420	0.992	18	3.432	0.975	32	4.029	0.876
5	3.769	0.958	19	3.325	0.768	33	3.464	0.947
6	4.000	0.987	20	3.435	0.968	34	4.527	0.617
7	3.393	0.863	21	3.381	0.794	35	3.476	0.685
8	3.597	1.022	22	3.005	0.866	36	3.685	0.875
9	3.694	0.946	23	3.371	0.742	37	3.740	0.750
10	3.869	1.005	24	3.614	0.935	38	3.723	0.877
11	3.498	1.001	25	3.735	0.869	39	3.524	0.699
12	3.709	1.017	26	3.901	0.919	40	3.714	0.891
13	3.459	0.814	27	3.706	0.741	41	3.757	0.661
14	3.563	0.991	28	3.680	0.882	42	3.716	0.822

2. 信度分析

基于再测数据对问卷整体和各个维度进行内部一致性检验，结果显示，问卷整体的内部一致性系数（α）为0.931。分半信度检验显示，问卷的Guttman Split-Half系数为0.879。此外，间隔6周后，对测查对象中的60人进行再次测量，这60人两次测查数据的相关系数（即再测信度）为0.950。以上信度检验数据表明，该问卷的信度达标，测查结果较为稳定。

3. 效度分析

首先通过专家效度对问卷测查的准确性进行评估。具体而言，邀请五名专家（其中包括一名农村小学的校长、一名从事儿童心理健康教育研究的大学教授、一名从事儿童心理健康教育研究与实践的大学副教授、一名从事乡村定向师范生培养的大学教授和一名研究农村教育的在读博士研究生）分别从每个项目、每个维度和总体问卷3个层面对"该内容是否可以准确测查农村中小学教师的心理健康教育胜任力"进行评分。所有评分均采用Likert五点评分，其中"1"表示"完全不可以"，"5"表示"完全可以"。专家评分结果如表4-5所示，从该表数据可见，除项目27、项目35和项目36的评分略低于4分，其余项目和所有维度的专家评分均在

4分或4分以上，总体问卷专家评分的平均分为4.6。该结果表明，问卷的专家效度较好。

表4-5 专家效度评分结果

维度/项目	评分结果	维度/项目	评分结果	维度/项目	评分结果
人格特质	4.4	能力技巧1	4.6	能力技巧2	4.6
项目5	4.6	项目7	5.0	项目8	4.2
项目6	4.8	项目13	4.0	项目14	4.2
项目9	5.0	项目17	4.8	项目18	4.8
项目10	4.8	项目19	5.0	项目20	5.0
项目11	4.6	项目21	4.8	项目22	4.6
项目12	4.4	项目23	5.0	项目24	4.8
项目25	4.0	项目35	3.8	项目36	3.6
项目26	4.2	项目39	5.0	项目40	5.0
项目31	5.0	自我调整	4.0	知识积累	5.0
项目32	4.4	项目15	4.2	项目29	5.0
乡村情怀	5.0	项目16	4.0	项目30	5.0
项目1	5.0	项目27	3.8	伦理规范	5.0
项目2	5.0	项目28	4.4	项目33	5.0
项目3	5.0	项目37	4.8	项目34	5.0
项目4	5.0	项目38	4.6		
		项目41	4.2		
		项目42	4.0		

其次，通过效标效度考察问卷的效度水平。具体而言，利用该问卷对研究1中的20名访谈对象（卓越组和普通组各10人）进行测查，同时选取10名在农村中小学中不从事心理健康教育工作的教师作为对照。如表4-6所示，单因素方差分析结果表明，三组教师的问卷得分存在显著差异。进一步的事后检验提示，卓越组教师的分数显著高于普通组教师和对照组教师，但普通组教师与对照组教师的分数尚不存在显著差异。该结果表明，该问卷能够有效甄选出农村中小学中从事心理健康教育的卓越者，但区分普通教师的能力还有待进一步商榷。总体而言，以测查对象从事农村中小学心理健康教育工作的卓越程度为效标，本研究所编制的问卷具有较好的效度。

表 4-6　效标效度测查结果

组别	卓越组（N=10）	普通组（N=10）	对照组（N=10）
分数（M±SD）	157.40±35.56	128.40±20.67	111.40±21.50
方差分析结果	\multicolumn{3}{c}{F（2，27）=7.536，p=0.003}		
事后检验结果	\multicolumn{3}{c}{卓越组与普通组均值差：29.00（p=0.023） 卓越组与对照组均值差：46.00（p=0.001） 普通组与对照组均值差：17.00（p=0.167）}		

再次，通过结构效度来考察该问卷的效度。基于上文的分析，此处建立两个模型用于比较。其中，模型 1 按照研究 1 的思路建立，即初始问卷，包含"能力技巧""自我调整""人格特质""乡村情怀""知识积累"和"伦理规范"6 个维度，共 42 个项目；模型 2 在上文的项目分析和探索性因素分析的基础上，删除了 3 个项目（项目 31、项目 33 和项目 34），包含"能力技巧 1""能力技巧 2""自我调整""人格特质""乡村情怀"和"知识积累"6 个维度。基于结构方程模型技术的验证性因素分析显示，模型 2 的指标更符合要求（表 4-7）。

表 4-7　验证性因素分析的模型比较

模型	χ^2/df	CFI	GFI	NNFI	RMSEA
模型 1	16.531	0.698	0.582	0.662	0.189
模型 2	4.812	0.901	0.889	0.920	0.072

（四）讨论与分析

经过再测和验证，包含 42 个项目的问卷在信度和效度方面基本达到测量学要求，其中内部一致性、再测信度均在 0.9 以上，分半信度达到 0.879。此外，问卷的专家效度和效标效度也较为理想。

但在效度方面，仍有值得商榷之处：尽管在表 4-7 中包含 6 个维度 39 个项目的模型 2 更加符合验证性因素分析的指标要求，但从专家评定的内容效度可见，模型 2 中删除的 3 个项目（项目 31、项目 33 和项目 34）均为满分（5 分），即专家们一致认为这 3 个项目能够很好地测查受测者从事农村中小学心理健康教育工作的胜任力水平。

正如前文所分析的，尽管农村中小学教师从事心理健康教育的能力不尽相同，但是对一些心理健康教育的基本认识和能力却是一致的，例如教师应当具备健全的人格（项目31）、在开展心理健康教育的实践中应当遵守相应的伦理和道德规范（项目33、项目34）等，因此从测量学的角度而言，这些项目确实可能出现区分度不高，受测者的回答趋于一致的情况。但正如戴海崎和张锋（2018）所指出的，在问卷编制的过程中，不能以区分度的高低作为项目保留与否的绝对标准，而要根据测验的目的、施测的团体等不同因素综合考虑：

从测验的目的而言，本问卷测验的目的在于了解农村中小学教师从事心理健康教育工作的胜任力水平，并非单纯用以区分该群体胜任力的高低，因此对于那些绝大部分受测者得分都较高的项目，只要其能达到评估受测者胜任力水平的目的，也应当予以保留。

从施测的团体而言，本问卷的目标群体是农村中小学教师，尽管他们并非都具备从事农村中小学心理健康教育工作的胜任力，但对于教师应当具备健全的人格、在开展心理健康教育的实践中应当遵守相应的伦理和道德规范，无论是从教师的职业道德，还是从教育实践的规范而言，绝大部分教师都应知晓并遵守。相反，对于那些不能胜任该项工作的教师，这几个项目也能够起到最基本的甄别作用。

因此，基于以上分析，本研究最终确定的问卷包含7个维度，即"能力技巧1""能力技巧2""自我调整""人格特质""乡村情怀""知识积累"和"伦理规范"，合计包含42个项。

第五章　江苏省乡村定向师范生心理健康教育胜任力现状的调查（研究3）

一、引言

前序研究通过胜任力模型的建立和胜任力问卷的编制，为探讨农村预备师资开展农村中小学心理健康教育工作的胜任力提供了基本的方向，尤其是相关测量工具的开发，为开展该领域的大规模调研提供了工具基础。

尽管研究1和研究2主要是针对农村中小学在职教师群体而开展并得出了相应的结论，但仍然适用于师范生群体：一方面，对师范生群体的评价理应以一名优秀教师为标准，正如第二章所阐述的，对师范生课堂教学能力、教学实践能力、师生互动能力等各方面能力的评估，也常常是以一线优秀教师为参考依据，即以一名优秀教师的标准来评价师范生；另一方面，师范生群体缺乏相应的实践经验，尤其是缺乏心理健康教育相关的实践经验，这也客观上要求研究必须以有相关经验的在职教师为研究对象而开展，例如在模型建构的过程中，必须以农村中小学教师从事心理健康教育的成功或失败经验为基础而开展访谈，这是师范生群体所不具备的。

基于此，本研究拟以江苏省乡村定向师范生群体为对象，通过前序研究开发的工具，对该群体开展农村中小学心理健康教育工作的胜任力开展调查，以了解其胜任力现状及其影响因素，为该群体胜任力的提升提供一定的借鉴和参考。

二、研究方法

（一）研究对象

在江苏省内负责承担乡村教师定向培养工作的七所本科院校和一所职业院校向2016～2019年入学的乡村定向师范生发放研究2中编制的问卷。共发放问卷1045份，回收有效问卷954份，问卷有效率为91.29%。其中包括江苏师范大学105份、江苏第二师范学院256份、南京晓庄学院134份、扬州大学88份、南通大学109份、盐城师范学院62份、淮阴师范学院122份、南通师范高等专科学校78份。所涉及专业包括汉语言文学（师范）、数学与应用数学（师范）、英语（师范）、物理学（师范）、化学（师范）、生物学（师范）、思想政治教育（师范）、地理科学（师范）、美术学（师范）、小学教育（师范）。

按照表1-2所示数据，2016～2019年，负责承担乡村教师定向培养工作的8所院校合计招收乡村定向师范生的计划数为9399人，此次抽样人数占总体人数的10.15%。所有受测者中，男生233人，女生721人，年龄分布在17～23岁，平均年龄为（20.14±1.60）岁。

（二）研究工具

1. 基本信息收集表

通过基本信息收集表，收集受测者的主要个人信息，包括年龄、性别、所在学校、年级、专业等个人信息，也包括是否接受过相关课程的学习、是否有相关实践经验等学习和实践信息。

2. 农村中小学心理健康胜任力问卷

采用研究2中编制的农村中小学心理健康胜任力问卷对乡村定向师范生从事农村中小学心理健康教育工作的胜任力现状进行调查。问卷包含42道题目，从"能力技巧1""能力技巧2""自我调整""人格特质""乡村情怀""知识积累"和"伦理规范"等7个维度出发，考察受测者从事农村中小学心理健康教育工作的胜任力水平。

在本研究中，问卷所有项目的内部一致性系数为0.939。此外，在各个维度中，除"知识积累"和"伦理规范"两个维度的项目数较少（均只包含两个项目，其内部一致性系数分别为0.669和0.323），其他维度的内部一致性系数在0.882 ~ 0.951。

此外，考虑到该问卷是基于农村中小学教师群体而编制完成的，而师范生群体尚未完全走上农村中小学教育的工作岗位，对问卷中的部分内容可能不甚了解。因此在以下两方面进行了处理：一方面，如果受测学生有教育实习和见习的经验，那么要求其按照自己参加教育实习、教育见习的经验而填写。另一方面，如果师范生没有相关的实习和见习的经验，则在问卷的部分表述上做了修改，以适合师范生群体的研究。例如原问卷中，项目15的表述是"当开展心理健康教育活动遇到困难时，我能够处理好自己的消极情绪"，本研究中将其改为"如果在开展心理健康教育活动的过程中遇到困难，我能够处理好自己的消极情绪"；再比如原问卷中，项目9的表述是"我开展的心理健康教育相关的活动对学生有积极的影响"，本研究中将其改为"我相信在今后的农村教育实践中，我开展的心理健康教育相关的活动将对学生产生积极的影响"等。总之，通过调整，使得问卷的表述符合受测者的学习和实践经验。

（三）研究过程

本研究分为两阶段进行，第一阶段于2019年11月至2020年1月进行，期间在南京、徐州、扬州三地的四所高校（江苏第二师范学院、南京晓庄学院、江苏师范大学、扬州大学）进行抽样，并基于抽样发放问卷。

具体而言，研究者首先与以上4所院校的相关负责人取得联系，在获得发放问卷许可后，进一步与部分乡村定向班级的班主任或辅导员取得联系，通过班主任或辅导员获取相关班级的课表信息。此后，按照课表中授课教师信息，与部分授课教师取得联系，向其介绍本研究的基本情况，并与之协商是否可以利用其上课间隙时间向学生发放问卷。在得到相关授课教师的同意后，研究者按照课表中的授课时间和地点信息前往相应的教室，在课程间隙向学生介绍本研究的基本情况和研究目的，并在此基础上向学生发放问卷，问卷当场填写并回收。整个过程约20分钟，其中向学生介绍研究基本情况和解答学生关于问卷填写的问题花费5分钟，问卷填写花费约15分钟。

最终，于该四所高校收集有效问卷583份，其中江苏师范大学105份、江苏第二师范学院256份、南京晓庄学院134份、扬州大学88份。

第二阶段于2020年3月至2020年5月进行。受到新冠肺炎疫情的影响，多数高校在这段时期内采用网络授课的形式，学生未返校上课，即使在2020年5月以后，部分高校的学生开始陆续返校上课，但这些高校也在这段时期内采取封闭式管理，校外人员很难进入学校开展问卷发放和收集工作。因此，第二阶段的调查主要通过网络形式开展，对南通大学、盐城师范学院、淮阴师范学院、南通师范高等专科学校的乡村定向师范生开展调查，具体过程如下：

研究者首先将问卷内容录入"问卷星"网络问卷调查平台，并生成问卷填写链接。此后，与上述院校的相关负责人取得联系，在获得发放问卷许可后，进一步与部分乡村定向班级的班主任或辅导员取得联系，请班主任或辅导员通过QQ群、微信群等渠道，向乡村定向班级的学生发送问卷填写链接，学生利用智能手机或电脑点击链接后即可开始填写问卷。问卷填写完毕后，问卷填写平台后台会自动保存并记录填写信息。

最终，于该4所高校收集有效问卷371份，其中南通大学109份、盐城师范学院62份、淮阴师范学院122份、南通师范高等专科学校78份。

（四）统计方法

利用SPSS20.0软件对数据进行录入，并通过独立样本 t 检验、方差分析、回归分析等方法对数据进行统计分析。

三、研究结果

（一）描述性统计结果

对收集的数据进行描述性统计，每个项目的平均数和标准差如表5-1所示。从表5-1可以看出，得分最高的是项目34"在心理健康教育及相关的教育实践中，我会遵守相关的伦理和道德规范"，得分最低的是项目22"当学生出现心理危机时，我有能力开展初步干预"。

表5-1 所有项目的描述性统计结果

项目	M	SD	项目	M	SD	项目	M	SD
1	2.935	1.012	15	3.540	0.802	29	3.469	0.870
2	3.000	1.058	16	3.719	0.953	30	3.862	0.830
3	2.926	1.094	17	3.049	1.034	31	4.434	0.643
4	3.066	1.205	18	3.024	1.164	32	4.077	0.864
5	3.429	1.161	19	3.024	1.006	33	3.470	0.965
6	3.649	1.257	20	3.026	1.162	34	4.591	0.594
7	3.163	1.077	21	3.059	1.028	35	3.155	0.975
8	3.353	1.244	22	2.756	1.023	36	3.221	1.157
9	3.384	1.143	23	3.341	0.817	37	3.681	0.794
10	3.570	1.244	24	3.550	0.973	38	3.661	0.918
11	3.504	0.984	25	3.604	1.010	39	3.470	0.702
12	3.720	1.016	26	3.787	1.074	40	3.645	0.879
13	3.400	0.842	27	3.641	0.787	41	3.704	0.720
14	3.486	1.049	28	3.678	0.917	42	3.671	0.862

进一步分维度考察数据可见（表5-2），在7个维度中，平均分最高的是"伦理规范"维度，平均分最低的是"乡村情怀"维度。

表 5-2　不同维度的描述性统计结果

维度名称	M	SD
乡村情怀	2.982	1.020
人格特质	3.716	0.734
能力技巧 1	3.208	0.775
能力技巧 2	3.258	0.877
自我调整	3.662	0.678
知识积累	3.665	0.737
伦理规范	4.030	0.559

（二）乡村定向师范生群体与农村教师群体的差异

将本研究以乡村定向师范生群体为对象收集的数据与研究 2 中进行问卷再测时的农村教师群体的数据进行比较，独立样本 t 检验结果显示，两个群体在部分项目和问卷总分上存在显著差异（表 5-3）。

表 5-3　乡村定向师范生群体与农村教师群体的差异

项目	t 值	P 值	项目	t 值	P 值	项目	t 值	P 值
1	5.917	<0.001	15	0.633	0.527	29	0.570	0.569
2	3.866	<0.001	16	0.820	0.413	30	0.301	0.763
3	5.049	<0.001	17	6.033	<0.001	31	−0.627	0.531
4	5.658	<0.001	18	6.680	<0.001	32	−0.926	0.354
5	5.646	<0.001	19	6.032	<0.001	33	−0.106	0.915
6	5.540	<0.001	20	6.721	<0.001	34	−1.792	0.069
7	4.195	<0.001	21	6.277	<0.001	35	6.940	<0.001
8	3.783	<0.001	22	4.612	<0.001	36	8.109	<0.001
9	5.219	<0.001	23	0.680	0.513	37	1.280	0.201
10	4.681	<0.001	24	1.125	0.261	38	1.158	0.247
11	−0.114	0.910	25	2.444	0.021	39	1.323	0.186
12	−0.190	0.849	26	1.984	0.048	40	1.325	0.185
13	1.187	0.235	27	1.480	0.149	41	1.320	0.187
14	1.262	0.207	28	0.026	0.979	42	0.901	0.368

注：SPSS 软件输出结果中，部分检验的 P 值（即 SPSS 输出结果中的 sig 值）为"0.000"，根据假设检验的原理，检验结果的 P 值是不可能等于 0 的，故表格中将"0.000"的结果统一表述为"<0.001"，下同。

进一步分维度考察数据可见（表 5-4），在 7 个维度中，两个群体在"乡村情怀""人格特质""能力技巧 1""能力技巧 2"以及总分上存在显著差异，均为农村教师群体的得分更高。此外，在"自我调整""知识积累"和"伦理规范"3个维度上，两个群体之间不存在显著差异。

表 5-4 乡村定向师范生群体与农村教师群体在不同维度和总分上的差异

维度名称	t 值	p 值
乡村情怀	5.681	< 0.001
人格特质	3.410	0.001
能力技巧1	4.570	< 0.001
能力技巧2	4.850	< 0.001
自我调整	1.079	0.281
知识积累	0.515	0.612
伦理规范	-1.092	0.275
总分	5.663	< 0.001

注：乡村定向师范生群体与农村教师群体问卷得分的平均值（M）和标准差（SD）详见前文的数据，此表格中不再重复列出。

（三）乡村定向师范生群体的差异分析

1. 性别差异

如表 5-5 所示，独立样本 t 检验显示，受测对象在问卷的总分上不存在显著差异。但是在部分维度上，男女生之间存在显著差异。具体而言，在人格特质、能力技巧1和能力技巧2这3个维度上，两者之间存在显著差异：在人格特质维度上，女生的得分要高于男生；在能力技巧的两个维度上，男生的得分相较于女生要更高一些。除此之外，在剩余的4个维度，两者之间不存在显著差异。

但是，进一步分析差异检验的效应量（Cohen's d）显示，只有"能力技巧1"的效应量略高于"小的效应"的临界值——0.2，其他维度和总分的效应量均小于临界值，因此受测群体的性别差异还值得商榷。

表 5-5　乡村定向师范生群体在问卷得分上的性别差异

维度/总分	男生 （$M \pm SD$，$N=233$）	女生 （$M \pm SD$，$N=721$）	t 值	p 值	Cohen's d
乡村情怀	12.318 ± 3.865	11.800 ± 4.144	1.683	0.093	—
人格特质	36.288 ± 7.365	37.438 ± 7.312	−2.085	0.037	−0.157
能力技巧 1	26.816 ± 6.602	25.287 ± 6.021	3.137	0.002	0.242
能力技巧 2	26.914 ± 7.405	25.786 ± 6.870	2.056	0.040	0.158
自我调整	29.472 ± 5.697	29.240 ± 5.335	0.568	0.570	—
知识积累	7.296 ± 1.501	7.341 ± 1.465	−0.406	0.685	—
伦理规范	8.202 ± 1.025	8.115 ± 1.143	1.218	0.127	—
总分	147.305 ± 21.620	144.909 ± 22.274	1.438	0.151	—

2. 年级（年龄）差异[①]

如表 5-6 所示，单因素方差分析结果显示，除"伦理规范"维度，受测乡村定向师范生群体在其余 6 个维度和总分上均存在显著的年级差异。这些差异的表现各不相同：例如在"乡村情怀"维度上，大一、三、四年级之间不存在显著差异，只有大二学生的分数显著更低一些；而在"能力技巧"的两个维度上，低年级（大一和大二）学生之间不存在显著差异，此后随着年级的提升，分数水平也不断提升；"人格特质"维度和总分的年级差异特征类似，即高年级（大三和大四）和低年级（大一和大二）的内部不存在显著差异，但高低年级之间的差异较为显著；在"自我调整"维度上，只有大一学生的分数显著更低，其他 3 个年级之间不存在显著差异。

尽管不同维度和总分的年级差异特征有所不同，但总的来说，都符合"逐渐提升"的表现，即随着年级的增长，不同维度的得分和总分也逐渐提高。

[①] 参与年级差异分析的人数为 876，与总人数相差 78 人。这主要是因为，南通高等师范专科学校在招收乡村定向师范生方面与其他 7 所院校有所差异，其通过中考招生，开展五年制乡村教师定向培养工作，所以该校乡村定向师范生的年级分布与其他 7 所院校有所差异。故在年级差异分析的过程中，暂将该校的 78 人数据排除。

第五章 江苏省乡村定向师范生心理健康教育胜任力现状的调查（研究3）

表5-6 乡村定向师范生群体在问卷得分上的年级差异（$M\pm SD$）

维度/总分	2019级（大一）(N=168)	2018级（大二）(N=144)	2017级（大三）(N=274)	2016级（大四）(N=290)	F值	p值	事后检验结果
乡村情怀	11.661 ± 4.134	11.201 ± 4.314	12.215 ± 3.860	12.248 ± 4.061	2.833	0.037	①=②，①=③，①=④，②<③，②<④，③=④
人格特质	35.018 ± 7.976	34.347 ± 7.902	39.329 ± 6.660	38.462 ± 6.240	24.664	<0.000	①=②，①<③，①<④，②<③，②<④，③=④
能力技巧1	22.929 ± 6.309	24.042 ± 5.551	26.124 ± 6.121	27.928 ± 5.522	30.626	<0.000	①=②，①<③，①<④，②<③，②<④，③=④
能力技巧2	23.060 ± 7.016	23.361 ± 6.591	27.190 ± 6.439	28.393 ± 6.690	33.660	<0.000	①=②，①<③，①<④，②<③，②<④，③=④
自我调整	26.780 ± 6.022	29.292 ± 4.695	30.011 ± 5.139	30.079 ± 5.231	16.509	<0.000	①<②，①<③，①<④，②<③，②<④，③=④
知识积累	7.048 ± 1.663	7.188 ± 1.472	7.135 ± 1.359	7.776 ± 1.329	13.722	<0.000	①=②，①=③，①<④，②=③，②<④，③<④
伦理规范	7.952 ± 1.093	8.028 ± 1.311	8.117 ± 1.093	8.114 ± 1.004	1.022	0.382	①=②，①=③，①=④，②=③，②=④，③=④
总分	134.446 ± 22.739	137.458 ± 20.074	150.120 ± 20.360	153.000 ± 19.920	40.505	<0.000	①=②，①<③，①<④，②<③，②<④，③=④

注：1."事后检验结果"一栏中，①表示2019级学生，即受测时就读于大学一年级的学生，②、③、④依此类推，分别表示2018级、2017级、2016级学生，即受测时分别就读于大学二、三、四年级的学生。

2."事后检验结果"一栏中，">"、"<"和"="表示两者之间是否存在统计学意义上的显著差异，并非绝对数值上的相等或不相等。

—113—

3. 专业差异

如表 5-7 所示，单因素方差分析结果显示，除"伦理规范"维度，受测乡村定向师范生群体在其余 6 个维度和总分上均存在显著的专业差异。考虑到问卷维度和所涉及专业较多，此处仅以问卷总分为例，说明不同专业学生在心理健康教育胜任力上的差异。

从事后检验结果（表 5-8）和图 5-1 可以看出，在总分上，所涉及的专业大体分为两类，一类包括汉语言文学（师范）、英语（师范）、思想政治教育（师范）、美术学（师范）和小学教育（师范）5 个专业（即图表中的专业 1 ~ 专业 5），另一类包括数学与应用数学（师范）、物理学（师范）、化学（师范）、生物学（师范）和地理科学（师范）5 个专业（即图表中的专业 6 ~ 专业 10）。从事后检验的结果来看，总体而言，除在个别专业以外，前者的分数均显著高于后者，即专业 1 ~ 专业 5 的学生在问卷总分上，相较专业 6 ~ 专业 10 的学生而言，得分显著更高一些。

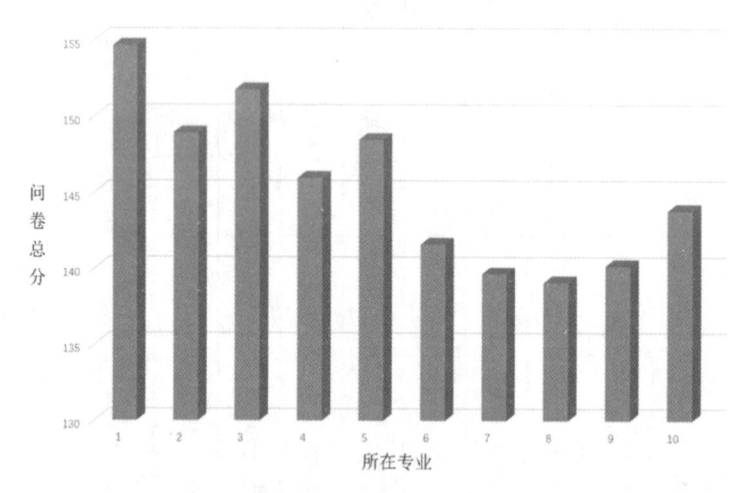

图 5-1 乡村定向师范生群体在问卷总分上的专业差异分析图

注：由于图片空间有限，图片中横坐标上的专业全部用数字代替，其中 1 ~ 10 分别指的是"汉语言文学（师范）""英语（师范）""思想政治教育（师范）""美术学（师范）""小学教育（师范）""数学与应用数学（师范）""物理学（师范）""化学（师范）""生物学（师范）"和"地理科学（师范）"等在调查中所涉及的 10 个专业。

第五章 江苏省乡村定向师范生心理健康教育胜任力现状的调查（研究3）

表 5-7 乡村定向师范生群体在问卷得分上的专业差异（$M \pm SD$）

	乡村情怀	人格特质	能力技巧1	能力技巧2	自我调整	知识积累	伦理规范	总分
专业1（N=55）	12.86±4.08	40.24±6.33	27.40±5.06	28.11±6.34	30.33±4.88	7.51±1.26	8.20±0.93	154.64±19.09
专业2（N=115）	12.04±4.36	37.65±6.60	26.15±5.65	26.55±7.17	30.59±4.29	7.72±1.44	8.21±1.06	148.91±21.00
专业3（N=104）	12.22±3.70	38.29±7.12	27.57±6.05	27.53±7.02	30.47±5.53	7.52±1.28	8.15±1.13	151.75±21.01
专业4（N=125）	11.80±4.06	35.99±7.82	26.12±6.87	27.21±7.41	29.66±5.92	7.27±1.63	7.89±1.12	145.94±24.62
专业5（N=150）	12.92±3.93	38.23±6.82	25.91±5.88	26.71±7.19	29.23±5.06	7.40±1.33	8.03±1.18	148.44±20.14
专业6（N=77）	11.71±3.83	36.60±7.35	24.71±5.82	24.91±6.67	28.42±5.60	7.21±1.51	8.04±1.06	141.60±20.43
专业7（N=104）	11.78±3.99	35.68±7.15	24.42±6.40	24.39±6.47	28.22±5.89	7.15±1.45	8.00±1.19	139.65±20.96
专业8（N=107）	10.98±4.42	35.63±7.98	24.21±6.11	24.27±6.69	28.66±5.41	7.20±1.50	8.13±1.14	139.07±21.77
专业9（N=70）	11.47±4.18	36.37±8.08	24.66±6.28	24.67±6.46	28.13±5.00	6.99±1.58	7.90±1.16	140.19±23.66
专业10（N=47）	10.57±3.63	38.34±6.89	25.28±6.93	25.83±7.23	28.57±6.21	7.08±1.77	8.13±1.01	143.81±24.33
F 值	2.778	3.455	3.369	3.659	2.904	2.157	1.005	5.331
p 值	0.003	<0.001	<0.001	<0.001	0.002	0.023	0.434	<0.001

注：由于表格空间有限，表格中的专业全部用"专业+数字"的形式呈现，其中专业1～专业10分别指的是"汉语言文学（师范）""英语（师范）""思想政治教育（师范）""美术学（师范）""小学教育（师范）""数学与应用数学（师范）""物理学（师范）""化学（师范）""生物学（师范）"和"地理科学（师范）"等在调查中所涉及的10个专业。

-115-

表 5-8 问卷总分专业差异的事后检验结果（均值 I—J）

	专业 1	专业 2	专业 3	专业 4	专业 5	专业 6	专业 7	专业 8	专业 9	专业 10
专业 1	—									
专业 2	5.723	—								
专业 3	2.886	-2.837	—							
专业 4	8.692*	2.969	5.806*	—						
专业 5	6.196	0.473	3.310	-2.496	—					
专业 6	13.039*	7.316*	10.156*	4.347	6.843*	—				
专业 7	14.983*	9.259*	12.096*	6.290*	8.786*	1.944	—			
专业 8	15.562*	9.838*	12.675*	6.869*	9.365*	2.523	0.579	—		
专业 9	14.451*	8.727*	11.564*	5.758	8.254*	1.412	-.0532	-1.111	—	
专业 10	10.828*	5.105	7.941*	2.135	4.631	-2.211	-4.156	-4.734	-3.623	—

注：1. 表格中"*"表示 $P < 0.05$。
2. 由于表格空间有限，表格中的专业全部用"专业+数字"的形式呈现，其中专业 1~专业 10 分别指的是"汉语言文学（师范）""小学教育（师范）""英语（师范）""思想政治教育（师范）""美术学（师范）""数学与应用数学（师范）""化学（师范）""物理学（师范）""生物学（师范）"和"地理科学（师范）"等在调查中所涉及的 10 个专业。

4. 相关课程学习的差异

在填写问卷的过程中，调查者请受测者填写在定向培养过程中学习过的和心理学相关的课程。其中，较为常见的课程包括"普通心理学""发展心理学""教育心理学"等心理学基础课程，此外还有部分学生学习过"心理健康教育""学校心理咨询""农村儿童心理与教育"等心理学相关课程。就数量而言，受测定向师范生学习心理学课程的门数在0~5门之间不等。

如表5-9所示，单因素方差分析①结果显示，除"伦理规范"维度，受测乡村定向师范生群体在其余6个维度和总分上均存在显著的差异。尽管事后检验的结果在不同维度和总分上略有差异，但总的来说，均呈现出"学习心理学课程门数越多，分数越高"的特征。图5-2以总分为例，较为明显地展现了该特征。

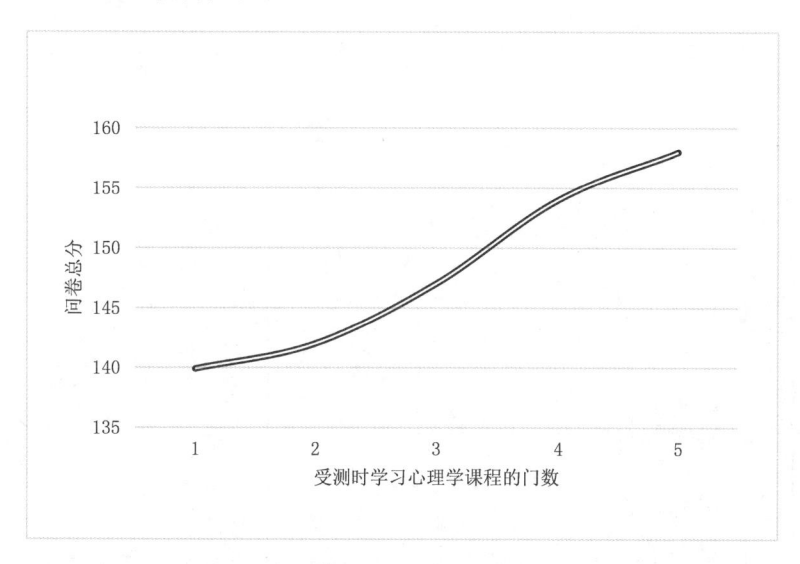

图5-2 乡村定向师范生群体在问卷总分上的课程学习差异分析图

---

① 在本研究中，所有受测人数为954，其中953人学习心理学课程的门数在0~4门之间不等，另有1人学习心理学相关课程的门数为"5"。考虑到数据统计的要求，在分析心理学课程学习情况对心理健康教育胜任力影响的过程中，将这一人暂时删除，即基于953人开展统计分析。

表 5-9　乡村定向师范生群体在学习心理学课程门数上的差异（$M \pm SD$）

维度/总分	乡村情怀	人格特质	能力技巧 1	能力技巧 2	自我调整	知识积累	伦理规范	总分
0（N=54）	11.926 ± 4.509	35.930 ± 8.154	24.426 ± 6.677	25.111 ± 6.905	28.056 ± 6.178	6.404 ± 1.698	8.019 ± 1.037	139.870 ± 23.086
1（N=393）	11.583 ± 4.056	36.300 ± 7.610	24.695 ± 6.170	24.977 ± 7.057	28.723 ± 5.718	7.229 ± 1.536	8.015 ± 1.165	141.522 ± 22.140
2（N=364）	11.953 ± 4.099	36.838 ± 6.983	26.028 ± 6.121	26.272 ± 6.795	29.701 ± 5.204	8.176 ± 1.450	8.091 ± 1.106	147.058 ± 21.739
3（N=120）	12.683 ± 3.655	37.250 ± 6.661	27.817 ± 5.779	28.683 ± 6.413	30.450 ± 4.643	9.100 ± 1.243	8.092 ± 1.085	154.075 ± 19.013
4（N=220）	13.864 ± 4.378	38.027 ± 6.761	28.318 ± 5.046	30.273 ± 8.293	29.727 ± 4.108	9.928 ± 1.202	8.318 ± 0.839	158.455 ± 21.924
F 值	3.004	3.413	8.110	9.145	3.743	9.452	0.560	11.361
p 值	0.018	0.012	<0.000	<0.000	0.005	<0.000	0.692	<0.000
事后检验结果	（1）<（3），（1）<（4），（2）<（4）	（0）<（3），（0）<（4），（1）<（3），（1）<（4）	（0）<（3），（0）<（4），（1）<（2），（1）<（3），（1）<（4），（2）<（3）	（0）<（3），（0）<（4），（1）<（2），（1）<（3），（1）<（4），（2）<（3），（2）<（4）	（0）<（2），（0）<（3），（1）<（2），（1）<（3）	（0）<（2），（0）<（3），（0）<（4），（1）<（2），（1）<（3），（1）<（4），（2）<（3），（2）<（4）		（0）<（2），（0）<（3），（0）<（4），（1）<（2），（1）<（3），（1）<（4），（2）<（3），（2）<（4）

注：1. "事后检验结果"一栏中，（0）（1）（2）（3）（4）分别表示受测者学习过 0、1、2、3、4 门心理学课程。
2. "事后检验结果"一栏中，"<"表示两者之间存在统计学意义上的显著差异，并非仅指绝对数值上的不相等。
3. 由于事后比较涉及内容比较多，故在"事后检验结果"一栏中仅呈现有显著差异的比较项。

-118-

5. 学校差异

如表 5-10 所示，单因素方差分析结果显示，受测乡村定向师范生群体在"乡村情怀""人格特质""知识积累"等维度上存在显著的学校差异，但在总分上的差异并不显著。考虑到问卷维度和所涉及学校较多，此处仅以问卷总分为例，说明不同学校学生在心理健康教育胜任力上的差异。

尽管方差分析结果显示，受测群体在问卷总分上不存在显著差异，但进一步的事后检验结果发现，学校 8 在总分上要显著低于学校 2 和学校 7。图 5-3 也较为直观地展现出该差异，即学校 8 的总分相较于其他学校更低一些。

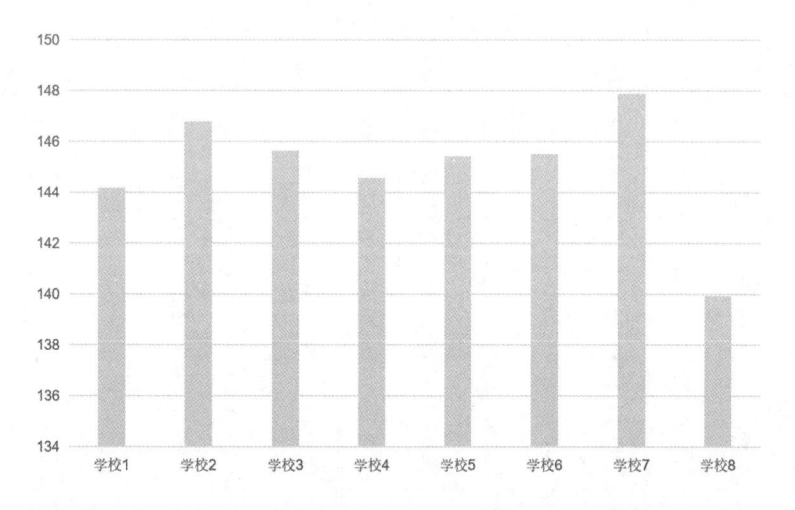

图 5-3　乡村定向师范生群体在问卷总分上的学校差异分析图

注：由于图片空间有限，图片中横坐标上的学校全部用"学校＋数字"的形式呈现，其中学校 1～学校 8 分别指的是江苏师范大学、江苏第二师范学院、南京晓庄学院、扬州大学、南通大学、盐城师范学院、淮阴师范学院和南通师范高等专科学校八所院校。

表 5-10 乡村定向师范生群体在问卷得分上的学校差异（$M±SD$）

	乡村情怀	人格特质	能力技巧1	能力技巧2	自我调整	知识积累	伦理规范	总分
学校1 （N=105）	12.610±3.404	38.752±6.079	24.276±6.373	25.181±7.248	28.495±6.457	6.942±1.419	7.924±1.291	144.181±20.460
学校2 （N=256）	11.539±4.432	36.992±7.053	26.258±5.998	26.484±6.310	29.929±5.159	7.570±1.409	8.039±1.119	146.813±21.857
学校3 （N=134）	11.702±4.544	37.485±7.732	25.694±5.989	25.835±7.249	29.358±4.822	7.507±1.434	8.067±1.118	145.649±24.439
学校4 （N=88）	11.705±3.595	37.556±7.866	25.091±6.961	26.182±7.606	28.897±6.306	6.965±1.442	8.193±0.933	144.590±23.562
学校5 （N=109）	12.899±3.751	37.651±7.907	25.440±6.042	26.046±7.711	28.229±5.846	7.101±1.496	8.082±1.001	145.449±22.015
学校6 （N=62）	10.193±4.533	37.806±6.974	25.290±6.778	26.161±7.571	30.516±4.084	7.129±1.431	8.419±1.195	145.516±25.365
学校7 （N=122）	12.762±3.094	36.426±7.385	27.115±5.416	26.811±6.684	29.204±4.912	7.598±1.492	7.983±1.012	147.901±17.622
学校8 （N=78）	11.628±4.237	34.474±7.335	24.474±6.488	24.884±6.879	29.307±5.492	7.231±1.603	7.961±1.263	139.961±22.961
F值	4.213	2.637	2.644	0.906	1.966	4.327	1.510	1.108
p值	＜0.001	0.011	0.010	0.501	0.057	＜0.001	0.160	0.355

注：由于表格空间有限，表格中的学校全部用"学校+数字"的形式呈现，其中学校1~学校8分别指的是江苏师范大学、江苏第二师范学院、南京晓庄学院、扬州大学、南通大学、盐城师范学院、淮阴师范学院和南通师范高等专科学校八所院校。

四、讨论

本研究基于前序研究编制的心理健康教育胜任力问卷，对江苏省954名乡村定向师范生进行了问卷调查，受测人数占2016~2019年乡村定向师范生计划招生人数的10.15%，受测师范生群体来自10个不同的专业，占江苏省乡村教师定向培养工作中所涉及的中小学专业的71.4%（10/14）。因此，从一定程度上说，本研究的样本具有一定的代表性。

就调查结果而言，可以从以下几个方面开展分析。

（一）描述性统计结果的分析

从描述性统计结果来看，受测师范生在"伦理规范"维度上的得分最高，例如在全部42个项目中，得分最高的项目是项目34"在心理健康教育及相关的教育实践中，我会遵守相关的伦理和道德规范"，而"伦理规范"维度在所有维度中的得分也是最高的。分析而言，该结果可能与我国注重师德师风建设的教师教育实践密不可分。当前，立德树人是新时代中国特色社会主义教育发展的根本任务（武东生、宋怡如、刘巍，2019），而师德师风建设是落实立德树人根本任务的关键（常青、李力，2018）。因此，在师范生培养的过程中，师德师风和教师职业道德的培养亦是培养的重点之一（张凌洋、谢欧，2020）。经过相关的培养和学习，师范生普遍能够理解教育实践中的师德规范和伦理要求，并能够将其迁移到相关实践之中，因此在心理健康教育胜任力方面，"伦理规范"维度和项目的得分也是最高的。

在得分较低的方面，有两个内容值得关注：

其一，在全部42个项目中，得分最低的是项目22"当学生出现心理危机时，我有能力开展初步干预"。吴彩霞和李雪皎（2020）在滇中地区开展的调查显示，师范生对于开展心理健康教育工作尚处于基本的认知阶段，即认为心理健康教育"很重要"，至于如何开展心理健康教育，师范生的认知和能力储备尚不足。尽管该调查仅限于部分区域，但也在一定程度上展示了师范生群体在心理健康教育胜任力方面的特征。

其二，在7个维度上，平均分最低的是"乡村情怀"维度。正如李静美（2020）近期的研究指出，定向师范生毕业后坚持赴乡村地区到岗任教的最主要原因是"不想承担违约后果而选择回去"，在该调查中，超过60%的受访者选择了该原因。与之对比，只有12.21%的受访者表示是因为个人兴趣和理想而回乡任教的。至于为何能够坚持在乡村任教，调查结果也与到岗原因一致：有一半以上的受访者称因为不想承担违约后果而（打算）工作到期满，与之相比，只有约1/4的受访者表示自己之所以能够坚持在乡村地区任教是因为愿意为乡村教育作贡献。可见，尽管乡村教师定向培养工作为乡村地区的中小学师资提供了质和量的保证，但师范生群体对乡村的认知和乡村教育情怀仍需要进一步提高，而非仅仅从契约的角度来约束师范生，"迫使"其毕业后赴农村从教，进而从根本上认知乡村教育、理解乡村教育，实现定向师范生"下得去、留得住"的目标。

（二）定向师范生群体与乡村教师群体的比较

本研究还进一步比较了乡村定向师范生群体和农村教师群体之间的差异。研究结果显示，两个群体在部分项目上存在显著差异（表5-3）。这些差异主要体现在"乡村情怀""人格特质""能力技巧1""能力技巧2"等四个维度以及总分上，均为农村教师群体的得分更高。

就"乡村情怀"维度而言，一方面如前文所述，定向师范生群体对乡村的认知及其乡村教育情怀尚显不足，需要在师范生培养以及今后的乡村教育实践中不断强化；另一方面，乡村教师群体已经在农村地区工作多年，甚至在调查中有的教师已经在农村地区从教超过30年，他们对农村教育的理解更为深刻，他们把青春奉献给了农村教育和农村的孩子们，因而乡村情怀也更为深厚。

就"人格特质"维度而言，该维度包含理解共情、影响能力、真诚尊重、理性思考、人格健全等方面的内容，其中两个群体的差异主要体现在"理解共情"和"影响能力"两个方面。对于"理解共情"而言，尽管在一定程度上，对他人的理解和共情能力受到当事人人格特征的影响，但心理学研究也表明，这方面的能力也受到一些其他因素的影响，例如 Rameson 等人的研究就指出，共情能力还受到个人经验的影响，当对特定事物的经验更丰富、更深刻时，个体更容易产生对他人的共情（Rameson, Morelli, and Lieberman, 2012）。显然，相比于尚未毕业的师范生，已经有农村中小学教育经验的乡村教师群体对乡村教育的理解必然更深刻，因此该群体在"理解共情"方面的得分较高也就不难理解了。对于"影响能力"而言，向慧（2007）对心理咨询与治疗从业人员胜任力的研究就指出，随着从业经验的积累，心理咨询与治疗从业人员的自我认知会不断完善，实践的自信也会不断提升，而自我认识和自信是该领域从业人员影响力的重要影响因素。对于本研究所涉及的群体可能亦是如此，农村教师随着工作经验的增加，对自我和事业的认识也在不断完善，同时开展中小学心理健康教育的自信也在提升。例如前文所述的访谈中，就有受访的农村教师提道："我们一开始也不会做所谓的心理健康教育，就是开班会。现在工作时间长了，也有一点经验了，不说得心应手吧，至少也能做得像模像样了。"这种认识和自信的变化，必然在一定程度上导致了农村教师和乡村定向师范生在"影响能力"方面的差异。

（三）乡村定向师范生群体的差异分析

本研究的数据显示，受测乡村定向师范生群体在性别、年级、专业、学校、课程学习情况方面存在一定的差异。

性别方面，受测对象在问卷的总分上不存在显著差异，而在部分维度上，独立样本 t 检验结果显示男女生之间存在显著差异。具体而言，在人格特质、能力技巧1和能力技巧2这3个维度上，两者之间存在显著差异：在人格特质维度上，女生的得分要高于男生；在能力技巧的2个维度上，男生的得分相较于女生要更高一些。除此之外，在剩余的4个维度，两者之间不存在显著差异。但是，进一步分析差异检验的效应量（Cohen's d）显示，只有"能力技巧1"的效应量略高于"小的效应"的临界值——0.2，其他维度和总分的效应量均小于临界值，因此受测群体的性别差异还值得商榷。其实，师范生各方面能力的性别差异在已有的研究中也尚存争议。有的研究认为，这种性别差异是存在的；但也有研究指出，师范生在各方面能力上并不存在显著的性别差异，例如在教学设计能力（李艳、杨坤，2019）、教学效能感（闫俊斌，2012）、学习成就动机（姚春，2009）等方面，以往研究显示男女生之间不存在显著差异。特别是"教学效能感"方面的研究，和本研究的内容尤为契合，本研究考察的是定向师范生群体对开展中小学心理健康教育工作胜任力的感知，由于他们尚未正式步入工作岗位，因此对于心理健康教育胜任力更多的是自我感知，即"认为自己（不）能够胜任中小学心理健康教育工作"，其本质上是对做好该项工作的信心，即效能感。因此，在测验分数上不存在显著的性别差异也是合理的。

年级方面，除"伦理规范"维度，受测乡村定向师范生群体在其余六个维度和总分上均存在显著的年级差异。如前所述，这些差异的表现各不相同：例如在"乡村情怀"维度上，大一、三、四年级之间不存在显著差异，只有大二学生的分数显著更低一些；而在"能力技巧"的两个维度上，低年级（大一和大二）学生之间不存在显著差异，此后随着年级的提升，分数水平也不断提升；"人格特质"维度和总分的年级差异特征类似，即高年级（大三和大四）和低年级（大一和大二）的内部不存在显著差异，但高低年级之间的差异较为显著；在"自我调整"维度上，只有大一学生的分数显著更低，其他三个年级之间不存在显著差异。尽管不同维度和总分的年级差异特征有所不同，但总的来说，都符合"逐渐提升"的表现，即随着年级的增长，不同维度的得分和总分也逐渐提高。

年级差异的这种特点可以从以下几个方面考虑：第一，知识的积累。随着年级的增长，师范生学习的知识也越来越多，尤其是心理学相关的知识，正如图5-2所示，随着心理学课程学习的增多，受测群体的胜任力分数也在不断提升。第二，经验的增加。到了高年级，师范生开始有更多实习和见习的机会，前文已有多篇文献指出，经验的积累是能力提升的重要

第五章 江苏省乡村定向师范生心理健康教育胜任力现状的调查（研究3）

途径，因此随着实践机会的增多，师范生的心理健康胜任力也在不断提升。第三，认知的提升。随着师范生教育的深入，尤其是定向培养工作的开展，师范生对于中小学教育，尤其是农村教育的认知也在不断完善，例如本研究的数据显示，随着年级的升高，受测群体在"乡村情怀"维度的得分也逐渐提升。这些认知的不断完善亦可能是出现这种年级的差异的原因之一。

专业方面，除"伦理规范"维度，受测乡村定向师范生群体在其余六个维度和总分上均存在显著的专业差异。以问卷总分为例，所涉及的专业大体分为两类，一类包括汉语言文学（师范）、英语（师范）、思想政治教育（师范）、美术学（师范）和小学教育（师范）5个专业，另一类包括数学与应用数学（师范）、物理学（师范）、化学（师范）、生物学（师范）和地理科学（师范）5个专业，总体而言，前一类专业的分数显著高于后一类专业。不难看出，前一类专业更偏向于文科，后一类专业更偏向于理科，因此专业的差异亦可以看作是文理科之间的差异。这种差异可以从以下两个方面进行分析。

第一，心理学知识的差异。从不同专业的人才培养方案可以看出，文科专业的培养方案中更多涉及心理学相关课程，与之相反，理科专业的培养方案中往往仅涉及1~2门心理学相关课程[1]。这种心理学相关课程数量的差异与前文所述年级差异类似，也是造成专业差异的可能原因之一。第二，专业的相关性。与理科专业相比，文科专业的很多课程以及专业实践的一些技巧与心理健康教育的相关性更高，例如思想政治教育实践中强调的"共情""倾听"这些理念（杨利君，2015）、小学教育专业中涉及的

---

[1] 文理科专业在心理学相关课程数量的差异与专业课程的数量有着密切的关系：文科专业的培养方案中，与本学科专业相关的课程相对少一些，与此同时，心理学相关课程的数量也就相对多一些，甚至部分学校的培养方案中有多达5门心理学相关课程（包括普通心理学、教育心理学、发展心理学、心理健康教育、心理咨询等）。相反，理科专业的培养方案中与本学科专业相关的课程较多，与之相比，涉及心理学的课程就相对较少，比较常见的是发展心理学和教育心理学，其他心理学相关课程则涉及较少。

一些儿童行为干预的方法（陆红娟，2008）等，都与心理健康教育的要求不谋而合（马建青，2014；于钦明、崔国红，2012）。因此，这些专业师范生的心理健康教育胜任力水平更高也就不难理解了。

学校方面，受测乡村定向师范生群体在"乡村情怀""人格特质""知识积累"等维度上存在显著的学校差异，但在总分上的差异并不显著。尽管如此，进一步的事后检验和图5-3提示，学校8的总分相较于其他学校更低一些。具体分析可知，学校8与其他学校的差异主要体现在办学层次上，该校作为五年制专科层次定向师范生培养单位，通过中考招生，开展五年制乡村教师定向培养工作。其他七所院校的招生对象均为参加当年全国统一高考的高中毕业生，培养层次为四年制本科。从办学层次上来看，两类学校之间确实存在一些差异，正如蔡亚萍（2004）对师范生教育素质的调查所指出的，重点院校师范生的得分更高。至于学校之间的差异原因，余琼和王长江（2019）基于国内六所师范院校物理学专业师范生教学技能的调查指出，院校的差异主要源于培养方案、师资力量、指导经验、教学硬件等方面。对于师范生培养和教育，尽管当前各个学校都着力优化教学理念、提升教学条件、完善培养方案（庄严，2008），但不可否认的是，各个学校之间的差异和差距依然是存在的。对于教育领域的胜任力而言，培养的优劣是影响其水平的重要因素（Lasen, Tomas, and Hill, 2015），因此学校的差异必然会在一定程度上造成师范生胜任力的差异。

此外，在心理学相关课程的学习方面，受测者的得分也存在显著的差异，总的来说，呈现出"学习心理学课程门数越多，分数越高"的特征。该差异在年级、专业方面均有分析，此处不再赘述。

五、总结

本章研究较为详细地对江苏省乡村定向师范生群体的心理健康教育胜任力进行了调查。总的来说，主要调查结论包括：①受测师范生在"伦理规范"维度上的得分最高,而在"能力技巧"和"乡村情怀"方面得分较低。②与农村教师群体相比,乡村定向师范生群体的心理健康教育胜任力得分较低。③乡村定向师范生的心理健康教育胜任力在性别、年级、专业、学校、课程学习情况方面存在一定的差异。

以上结论在一定程度上揭示了乡村定向师范生群体心理健康教育胜任力的现状。此外,性别、年级、专业、学校、课程学习情况等方面的差异也提示了影响该群体胜任力发展的可能因素。但是,需要注意的是,这些差异只是研究者预设的因素,预设研究对象在这些方面可能存在差异,并基于此开展差异分析。"有差异"不等于"有影响",因此只能说这些差异是"可能的影响因素",并为后续研究提供了参考依据。要确定影响乡村定向师范生心理健康教育胜任力的因素,有待后续研究的探究。

第六章　江苏省乡村定向师范生心理健康教育胜任力的影响因素（研究4）

一、引言

研究3通过大规模的调研，初步掌握了江苏省乡村定向师范生心理健康教育胜任力的现状，并考察了其在一些变量上的差异。但是，如研究3"总结"部分所言，这些差异只是基于研究者预设的变量而开展分析。即使数据显示"有差异"，也并不等于"有影响"，因此只能说这些差异是可能影响该群体胜任力的影响因素。因此，本章研究拟通过质性研究（qualitative research）中的访谈法，对乡村定向师范生心理健康教育胜任力的影响因素进行探索。质性研究的方法强调研究者深入社会现象之中，通过亲身体验了解研究对象的思维方式，在收集原始资料的基础上建立"情境化的""主体间性"的意义解释（陈向明，2000），而非基于研究者的"预设"来进行资料的分析。正如研究3中预设了一些可能存在差异的变量，然后通过数据的分析来验证预设。

之所以选择质性研究的方法，主要是考虑到，尽管研究3中采用的大规模问卷调查这种量化研究的方法能够比较迅速地解释"是什么"的问题

（例如在一些变量上有没有差异、差异如何等），但对问题的深入分析和解释尚显不足，特别是对深挖问题背后的原因（例如为什么会有这些差异、除此之外还有没有其他差异等），质性研究可能更加适合，而对乡村定向师范生心理健康教育胜任力影响因素的研究不仅要研究"是什么"的问题，更要分析现状背后的影响因素和深层原因。

总的来说，对乡村定向师范生心理健康教育胜任力影响因素的研究，一方面，能够进一步了解乡村定向师范生群体心理健康胜任力的发展状况，为定向师范生的教育培养提供借鉴；另一方面，影响因素的探索也能为后续胜任力提升的实践提供重要的参考依据，将这些影响因素有机地融入胜任力提升的培训之中，从而提升实践培训的针对性和有效性。

二、研究方法

（一）资料收集方法

本研究基于扎根理论（grounded theory）的思路和方法，通过深度访谈收集相关资料。访谈过程中通过开放式的问题，基于半结构化深度访谈对研究对象开展访谈。每位受访者的访谈时间约为45分钟，经受访者同意后，访谈全程进行录音，并于访谈结束后将录音资料转化为文本资料，以便开展后续的资料分析。此后，研究者根据录音资料对转化的文本文件进行校对，再将文本文件交由另两名研究生根据录音资料进行校对。最后形成25个文本文件，共计923488字。

（二）资料分析方法

当前，扎根理论的思路和方法已经成为质性研究中最有影响的方法之一（Anselm and Juliet，2006；Strauss and Corbin，1997），该方法强调在对原始资料开展分析的基础上，将资料自下而上逐渐归类，形成不同的类属划分，最终形成研究理论。这一理论逐渐形成的过程，就如同植物扎根于土壤之中，然后逐渐生长起来的过程。

简单来说，在这一过程中，研究者首先要对收集到的文本资料进行仔细、反复的阅读，并在阅读的过程中采取完全"开放"的心态，甚至如有的研究者所言，采取"向资料投降"的态度（陈向明，2000），即摒弃研究者原有的观念和预设的理论，完全从资料本身所表达出的意思出发，给文本资料赋予意义。在该过程中，Glaser和Strauss（1968）最早建议使用开放式编码（open coding）和持续比较法（constant comparative），并一直延续至今。开放式编码指的是对原始文本资料反复阅读，并基于前文所述的"开放"心态在文本资料中寻找有意义的单元，从而从文本资料中抽象出细小的、具体的概念。持续比较法指的是将编码的原始材料反复对比推敲，将之前抽象出的概念归类成不同的类属，并在分类的过程中继续反复比较，以保证不同类属间的差异最大化。

随着扎根理论方法的不断完善，在开放式编码和持续比较法的基础之上，逐渐形成了"三级编码"的分析模式。

首先是"开放编码"（open coding），该编码过程主要是将收集到的原始文本资料进行概念化和范畴化处理，例如冯蓉和张彦通（2017）在探究博士研究生焦虑心理的研究中，在开放编码阶段抽象出了"科研工作量""科研能力""师生关系"等20个范畴，每个范畴里均有一些具体的概念，例如"科研工作量"范畴里有"熬夜""担任多个项目""出差"等多个具体概念，"师生关系"范畴里有"融洽""冷漠""惧怕"等多个具体概念。

其次是"主轴编码"（axial coding），该阶段编码的主要任务是发现范畴之间的关系，进而基于聚类分析的思路将之前确定的"范畴"进行有机结合，进而确定不同范畴之间的类属关系。例如上述冯蓉和张彦通（2017）的研究中，研究者通过主轴编码，将"科研任务""毕业条件""导师指导"等范畴归纳为"毕业因素"这一主范畴，将"就业取向""就业资本""就业行为"等范畴归纳为"就业因素"这一主范畴，此外还有"婚恋因素"和"认知因素"两个主范畴，即将开放式编码中的20个范畴进一步归纳为 4 个主范畴。

最后是"选择编码"（selective coding），即通过再一次的编码分析进一步厘清概念类属之间的关系及其与研究主题之间的内在关系。还是以上述冯蓉和张彦通（2017）的研究为例，选择编码的目的就是进一步明确四个主范畴之间的关系，以及它们与研究主题——博士研究生的焦虑心理之间的内在关系。

在编码完成后，还有研究者会进一步开展"理论饱和度检验"，即在分析资料时，预留部分访谈对象的资料，在三级编码完成并形成研究理论后，再用预留的研究对象的访谈资料对形成的研究理论进行检验，以确定是否还有其他的概念和范畴未被发现。

以上分析过程又被称为扎根理论的回旋性研究过程，具体研究的流程如图 6-1 所示。

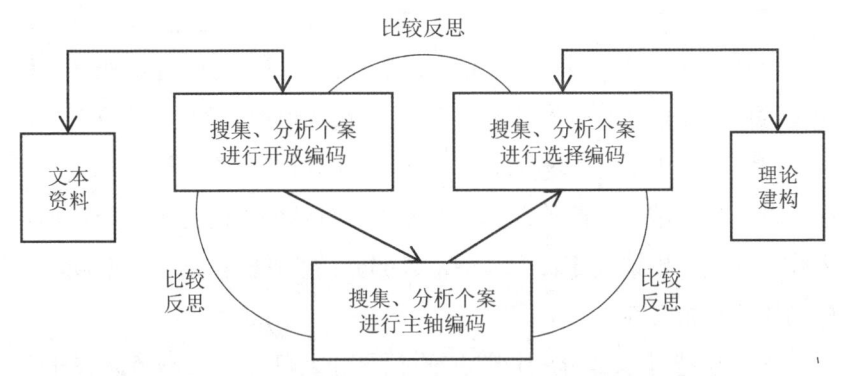

图 6-1 扎根理论的回旋性研究流程图（傅安国 等，2020）

（三）研究对象的选取

了解乡村定向师范生心理健康教育胜任力的不仅是师范生本人，还包括乡村学校的领导和老师，以及师范院校里参与乡村定向师范生培养的老师。因此，本研究除了选取乡村定向师范生作为访谈对象，也选择了部分农村学校的领导和老师，以及师范院校里参与乡村定向师范生培养的老师作为访谈对象，也从他们的角度谈一谈哪些因素会影响乡村定向师范生心理健康教育胜任力。

  质性研究最常用的抽样方法是"目的性抽样",即按照研究的目的来选择研究对象。本研究选择目的性抽样中的最大差异抽样和滚雪球抽样相结合的抽样方法:最大差异抽样是指抽出的样本尽可能覆盖所研究的群体,滚雪球抽样是指通过抽取的被研究者来进一步发现其他被研究者。之所以选择这两种方法是因为:首先,滚雪球抽样能够较快地抽取研究对象,同时滚雪球抽样得到的样本通常是熟人、朋友介绍而来,能够提高被研究对象在研究中的配合度。其次,本研究的对象并非特殊人群,因而需要抽出具有广泛代表性的样本,故选择最大差异抽样。最后,滚雪球抽样选择的样本通常是熟人介绍,可能导致他们具有同一类特征,进而影响样本的代表性。为了保证样本的代表性,同时结合最大差异抽样,选择不同的差异因素对样本进行筛选,兼顾性别、年龄、专业和学校等几个方面因素。

  基于以上抽样方法,本研究最终选取乡村定向师范生20人作为访谈对象,其中男生6人,女生14人。学校方面,江苏省内所有开展乡村教师定向培养工作的学校均有涉及;专业方面,除体育教育(师范)专业没有涉及,其余涉及中小学教育的13个专业也均有涵盖;年级方面,所有年级的学生均有涉及。此外,部分学校出于疫情防控的考虑,禁止校外人员入校,或入校申请程序较为复杂,故部分访谈通过网络视频开展。受访者的具体信息如表6-1所示。

  此外,还选择了部分农村学校的领导和老师,以及师范院校里参与乡村定向师范生培养的老师作为访谈对象。其中包括一名农村学校的校长(男,47岁,主教科目语文,访谈编码LS01)、一名农村学校的副校长(男,45岁,主教科目数学,访谈编码LS02)、两名师范院校里参与乡村定向师范生培养的老师(女,58岁,教授,访谈编码LS03;女,32岁,讲师,访谈编码LS04)、一名高校心理学专业老师(男,34岁,副教授,访谈编码LS05)。以上5名教师受访者全部参与线下一对一访谈,访谈地点均为以上教师的办公室。

表 6-1　受访学生的具体信息

访谈编号	性别	年龄（周岁）	受访时所在年级	专业	学校	备注
XS01	女	23	大三	小学教育（师范）	江苏第二师范学院	预访谈
XS02	女	21	大二	历史学（师范）	江苏第二师范学院	预访谈
XS03	女	22	大三	美术学（师范）	江苏第二师范学院	
XS04	男	19	大一	地理科学（师范）	江苏第二师范学院	
XS05	女	19	大二	音乐学（师范）	江苏第二师范学院	
XS06	男	18	大一	小学教育（师范）	南京晓庄学院	
XS07	女	21	大三	小学教育（师范）	南京晓庄学院	饱和度检验
XS08	女	22	大四	音乐学（师范）	南京晓庄学院	
XS09	女	20	大二	汉语言文学（师范）	淮阴师范学院	视频访谈
XS10	女	21	大三	小学教育（师范）	淮阴师范学院	视频访谈
XS11	男	20	大二	物理学（师范）	淮阴师范学院	视频访谈
XS12	男	18	大一	生物学（师范）	盐城师范学院	
XS13	女	18	大一	思想政治教育（师范）	盐城师范学院	饱和度检验
XS14	女	19	大二	汉语言文学（师范）	南通大学	视频访谈
XS15	女	21	大三	数学与应用数学（师范）	南通大学	视频访谈
XS16	女	22	大四	英语（师范）	扬州大学	
XS17	男	21	大三	化学（师范）	扬州大学	
XS18	女	21	大四	英语（师范）	江苏师范大学	
XS19	男	19	大二	教育技术学（师范）	江苏师范大学	饱和度检验
XS20	女	19	大一	小学教育	南通师范高等专业学校	视频访谈

（四）研究工具

根据研究目的，访谈开始之前首先编制初步的半结构化访谈提纲，并利用该提纲对表 6-1 中 1 号和 2 号受访者进行了预访谈，将访谈结果和受访者的反馈与专家讨论，通过进一步的完善，形成最终的访谈提纲。该提纲主要包括五个方面内容：①个人基本信息，包括基本人口学信息和在校学习的基本情况。②对开展农村地区中小学心理健康教育工作的认识。③如何理解农村中小学心理健康教育胜任力。④如何评价自己开展农村中小学心理健康教育工作的胜任力。⑤自身这方面的胜任力受到哪些因素的影响。

此外，针对教师群体的访谈提纲与学生群体的提纲大致内容相似，部分表述略有调整，具体也包括5个方面：①个人基本信息，包括基本人口学信息和工作的基本情况。②对开展农村地区中小学心理健康教育工作的认识。③如何理解农村中小学心理健康教育胜任力。④如何评价乡村定向师范生开展农村中小学心理健康教育工作的胜任力。⑤乡村定向师范生心理健康教育胜任力受到哪些因素的影响。

（五）研究过程

首先通过电话和社交软件与受访者取得联系，在沟通的过程中向其详细说明访谈的程序（包括访谈需要花费的时间、访谈的形式、访谈的地点、受访者的权利、参与访谈可以得到的回馈等），并申明受访者是自愿参与并可以随时退出访谈。此后，向受访者明确做出保护其隐私的承诺，并与其商定录屏、录音、笔记等资料记录的形式。

待受访者按照约定时间抵达访谈地点后，首先向受访者展示访谈研究的知情同意书，要求其认真阅读后签名确认。如果是网络视频访谈，则提前将打印好的知情同意书邮寄给受访者，正式访谈开始之前，请其认真阅读后签名确认，并将签名后的知情同意书拍照发给研究者。

此后，开始正式访谈，访谈过程中按照制定的半结构化访谈提纲对被访谈者进行提问。访谈依据事先形成的访谈提纲进行，基本内容固定不变，但访谈过程中可以根据研究对象的回答和当时情况灵活调整，适当增加或减少问题，以便收集的资料更加清晰。访谈结束后，向受访者赠送礼品表示感谢（视频访谈则赠送网络礼品）。

访谈结束后，将录音文件逐字逐句转成文本文件，并按照前文"资料分析方法"部分所介绍的分析方法对文本资料进行三级编码分析，最终形成研究理论，得出研究结论。

三、研究结果

（一）三级编码的结果

基于对文本资料的分析，首先通过开放编码，初步形成了466个参考点。这里的参考点即前文所述的通过对原始文本资料进行概念化和范畴化处理，抽象出的范畴，并通过不断比较，提炼出18个相对独立的初始概念，也就是开放编码的节点。

在此基础上，通过主轴编码，进一步发现开放编码的节点之间的关系，进而基于聚类分析的思路将之前确定的开放编码的节点进行有机结合，从而确定不同范畴之间的类属关系。在本研究中，通过该步骤进一步萃取出5个更为精炼的类属划分，具体包括"知识技能""人格特征""行为动机""培养训练"和"政策要求"。上述两级编码内容如表6-2所示。

最后，基于选择编码，通过再一次的编码分析，进一步厘清概念类属之间的关系及其与研究主题之间的内在关系。总的来看，以上5个类属划分可以最终构建出"内"和"外"两个主范畴："内"指的是内在因素，即乡村定向师范生自身会影响其心理健康教育胜任力的因素，包括"知识技能""人格特征"和"行为动机"；"外"指的是外在因素，即外部环境中能够影响乡村定向师范生心理健康教育胜任力的因素，包括"培养训练"和"政策要求"。

表 6-2　开放编码和主轴编码的结果

主轴编码	开放编码节点	文本资料列举（篇幅所限，每个节点仅列举一例）
知识技能	心理知识的积累（33）	LS02：经验可以工作以后慢慢积累，但知识主要还是在学校里学，比如学生有了心理问题，你知道应该按照什么标准诊断为什么问题
	伦理规范的要求（21）	XS03：最起码的一些规范要有的，就像我们讲师德一样，比如学生有心理问题来找你，你要给他保密。要是没职业道德，肯定是不胜任的
	心理介入的技能（36）	XS11：要掌握心理咨询、心理治疗这些基本的方法，如果学生有了心理问题不能给他解决，那心理健康教育还有什么用呢
	心理教育的能力（26）	XS08：我们实习的时候看到，学校的心理教育很重要的内容就是要上心理健康课，我们平时训练的都是专业学科的上课，心理课没学过怎么上
人格特征	情绪稳定（21）	LS05：不管是学校的心理老师，还是其他心理健康工作者，有一个稳定的情绪很重要。如果自己就阴晴不定，遇到点问题心态就崩了，那也很难做好心理工作了
	人格健全（26）	LS03：我们都说心理教育就是育人，那你自己首先要是个正常的人呀，对不对。自己人格都有问题，怎么还能胜任心理健康工作呢
	尊重他人（22）	XS17：怎么才算能胜任呢，我觉得首先是态度吧，就是不要总从老师的角度说"你要做什么"，应该能从学生的角度去尊重他们、理解他们
	善于交往（29）	XS15：心理健康教育我觉得和其他的教育还不一样，不是我教你怎么做题目就行，需要和学生交流，所以我觉得至少要会和学生打交道才能算胜任
行为动机	报考动机（18）	XS01：我们有的同学都不知道怎么报上定向专业的，都是父母帮选的，他其实不愿意，基本的教学都搞不定，心理健康教育更不可能了
	回乡意愿（26）	LS01：你首先要愿意回来，毕业了都不愿意来，或者来了也不愿意待在这儿，就想办法要走，那还谈什么心理教育啊，什么教育都免谈啊
	从教意愿（23）	XS19：我自己都有点后悔选师范专业，觉得我不适合当老师。我甚至都想违约不回去了，想自己创业。所以你说的心理健康教育，我基本没怎么关注过
	乡村情怀（30）	XS20：我们都是农村的孩子，也愿意回去做老师，毕竟对家乡更了解，也能站在农村孩子的角度去考虑问题，这个对于做心理健康教育应该是有帮助的，他们遇到的问题，很多我们以前也遇到过

续表

主轴编码	开放编码节点	文本资料列举（篇幅所限，每个节点仅列举一例）
培养训练	课程设置（34）	LS04：该开的心理学课要开齐了，我们学校这点做得还可以，但我知道有的学校有的师范专业就开一门全校公共心理学课，这肯定不够，基本的知识都没学，怎么胜任啊
培养训练	教师能力（26）	XS14：我觉得老师很重要的，就像给我们上"学校心理学"的老师，我觉得她特别专业，给我们讲了好多在学校里做心理教育的例子，很受用，如果让我去做，至少也能照葫芦画瓢地做一做
培养训练	实践机会（38）	XS18：我们实习的时候就听实习学校的老师说，学校里没有专门的心理老师，都是要其他老师兼职做心理健康教育，但我们的问题是没机会实践，实习也都是上自己学的专业课，没机会去接触这个
政策要求	国家政策（15）	LS01：教育部的要求是必须做好心理健康教育，教育局也会有考核的，强调了这么多年，大家也慢慢重视起来了，各方面跟上了，师范生这方面的能力也相对提高了
政策要求	学校重视（24）	XS10：学校和学院倒是会经常组织一些这类讲座，请一些专家来给我们讲心理健康教育的内容，我听了觉得还是有一些帮助的。不敢说一定胜任吧，至少知道个大概
政策要求	政策保障（18）	LS05：教育部门出台了很多政策，关键能不能落下去，学校制定人才培养方案的时候，是不是能把这些内容落实进去。从专业的角度把学生培养起来，胜任力自然就提升了呀

注：表格中"开放编码节点"一栏中，具体节点后括号里的数字表示与之相关的参考点的数量。

（二）影响因素的作用机制

基于三级编码的过程，初步形成的466个参考点被总结为18个相对独立的初始概念，并进一步萃取出5个更为精炼的类属划分，这5个类属划分又最终构建出内在因素和外在因素两个方面。

就影响因素的作用机制来看，内外两方面是有差异的：内在因素通常直接作用于乡村定向师范生心理健康教育胜任力，而外在因素则需要通过内在因素而作用于胜任力。如图6-2所示，图中的直线箭头表示内在因素直接作用于胜任力,虚线箭头表示外在因素通过内在因素作用于胜任力。

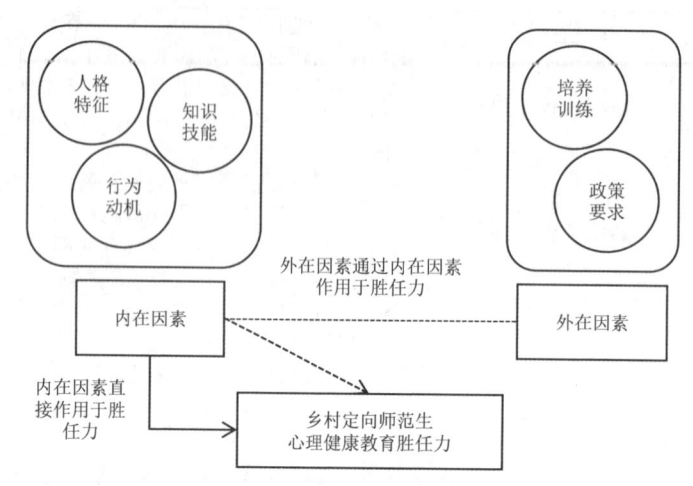

图 6-2　乡村定向师范生心理健康教育胜任力影响因素的作用机制

对于内在因素的直接作用,有受访者(XS19)表示:"心理教育毕竟是专业的事,你没有这方面的能力(结合前后语境,此处的'能力'指心理咨询和心理干预的能力),你就干不了这事。其他的都没意义了,就算有规定,规定你班主任要做心理教育,但你还是胜任不了呀。"可见,知识技能、人格特征、行为动机等内在因素直接关系到乡村定向师范生能否胜任农村中小学心理健康教育工作。

对于外在因素的间接作用,有受访者(LS03)表示:"当然啊,学校的培养归根到底还是要落实在学生能力的提高上,不是说课程设置好了,培养方案制定科学了,学生能力就提高了,还是离不开老师好好教、学生好好学。教好了、学好了,能力提上去了,自然就能胜任了。"可见,培养训练、政策要求这些外在因素并不是直接作用于胜任力,而是通过培养、训练和政策的要求,增加知识积累、学习相关技能、完善人格特征、改善行为动机,进而实现胜任力的提升。

(三)信度效度的检验

信度方面,根据 Flick(2007)的建议,本研究主要从以下几个方面来提高访谈质量，进而保证研究的信度：①所有访谈均由研究者本人开展，保证访谈过程的一致性。②访谈研究过程中，首先对 XS01 和 XS02 两名受访者进行预访谈，预访谈结束后，结合受访者的反馈和研究者访谈过程中的体验，与专家进一步讨论并完善访谈提纲。③每次访谈开始之前，研究者均认真研读访谈提纲，确保在访谈过程中做到"心中有数"。④在文本资料分析的过程中，通过持续比较不同来源资料（师范生、农村中小学领导、师范院校教师、心理学专业教师）中的相同参考点和相关概念，做到对资料的多方校正。⑤在初步构建研究理论之后，本研究还利用预先保留的 XS07、XS13、XS19 这 3 名受访者的访谈资料进行了饱和度检验，进一步支撑构建的理论，提升研究结论的可信程度。

效度方面，Maxwell（1992）指出，质性研究的研究效度可以分为描述性效度、解释性效度、评价性效度和推广性效度，其中描述性效度指的是研究能否准确描述研究的内容和现象，解释性效度指的是研究能否准确解释收集到的资料和信息，评价性效度指的是研究者对研究结果做出的价值判断是否合理，推广性效度指的是研究能否推论到其他群体或领域。本研究采用专家评价法，邀请五位专业人士（一名农村小学的校长、一名农村中学的副校长、一名师范院校里参与乡村定向师范生培养的教授、一名师范院校里参与乡村定向师范生培养的讲师、一名高校心理学专业副教授）对本章研究的初步结论进行评阅性阅读。评价采用 5 级评分，其中 1 表示很差，2 表示较差，3 表示一般，4 表示较好，5 表示很好，评价结果如表 6-3。四类效度的均分都在 4.2 分以上，表明研究的效度良好。

表 6-3 研究效度评价结果

效度类型	检验项目	专家1	专家2	专家3	专家4	专家5	均分
描述性效度	对乡村定向师范生心理健康教育胜任力影响因素的描述是否真实	5	4	5	4	5	4.6
解释性效度	对乡村定向师范生心理健康教育胜任力影响因素的总结和归纳是否合理	4	4	5	4	4	4.2

续表

效度性类型	检验项目	评价得分					
		专家1	专家2	专家3	专家4	专家5	均分
评价性效度	对乡村定向师范生心理健康教育胜任力影响因素的分析判断是否公正	5	5	5	4	5	4.8
推广性效度	本研究的结论是否适用于其他乡村定向师范生群体	4	4	5	5	5	4.6

四、讨论

本章研究基于深度访谈，通过扎根理论的思路和方法，对乡村定向师范生心理健康教育胜任力的影响因素进行了探索。结果发现，该胜任力的影响因素主要包括知识技能、人格特征、行为动机、培养训练和政策要求等内容。

第一，知识技能是影响心理健康教育胜任力的重要因素之一。该因素指的是，师范生是否掌握开展心理健康教育的知识和技能关乎其能否胜任中小学心理健康教育工作。例如与教育对象建立良好关系并开展有效的沟通的能力（李华伟，2015；Oswaldo, Lupe, and Elisa, 2012）、掌握心理障碍基础知识和诊断标准（Kohrt, Jordans, and Rai, 2015）、组织和开展心理健康相关的课堂教学的能力（杨晓霞、张仁芳，2011）等都是胜任中小学心理健康教育工作的前提。

此外，知识技能与胜任力之间也存在着辩证的关系：一方面，如本章研究所示，知识技能是胜任力的影响因素，知识技能的掌握程度影响着师范生能否胜任该项工作；另一方面，如研究1和研究2的结论所示，知识技能又是胜任的高低的指标之一。心理学的研究就指出，知识、技能和能力三者之间有着密切的关系：首先，能力的形成依赖于知识和技能的获取，当知识和技能积累到一定程度时，个体的能力也会随之提高；其次，能力的高低又反过来影响着知识和技能的水平，高能力者往往会更容易、更高效地获取知识、习得技能。因此，知识、技能和能力是相互转化、相互促进的（彭聃龄，2019）。

第二，人格特征也影响着乡村定向师范生心理健康教育的胜任力。已故心理学家钟友彬在《现代心理咨询》一书中指出，心理咨询行业从业人员应当具备一定的人格素养，包括心理健康、人格健全、责任心强等。中小学心理健康教育也莫不如此，它的重要前提是教育者和受教育者之间建立积极的关系，但很难想象一个人格不健全、心理不健康的人能够顺利地与他人建立良好的关系，并进而开展相关的教育活动。其实不仅是心理健康教育胜任力，智能胜任力（Chamorro-Premuzic and Furnham, 2005）、领导胜任力（Batinic and Gnambs, 2012）、从教胜任力（Jones, 1989）等也都离不开人格因素的影响。

第三，行为动机亦是影响乡村定向师范生心理健康教育胜任力的因素。Pintrich（2000）指出，动机是一种由目标或对象引导、激发和维持个体活动的内在心理过程或内部动力，它对个体的行为具有激活、指向、调节和维持等功能。此外，动机与个体的能力乃至胜任力也有着密切的关系，例如在《胜任力与动机手册》（*Handbook of Competence and Motivation*）一书中，学者们就详细探讨了两者之间的关系（Covington, Elliot, and Dweck, 2005）。总的来说，当个体的行为动机与目标工作领域的价值理念相契合时，个体便更容易胜任该项工作；反之，如果个体的行为动机与目标工作领域的价值理念相悖，那么该个体非但难以胜任该项工作，甚至还难以在该领域长期工作下去（Sukrapi and Muljono, 2014）。在本研究中，行为动机既包括报考乡村定向专业、报考师范专业、选择赴农村从教等动机，还进一步涉及乡村定向师范生对农村和农村教育的理解。显然，如果乡村定向师范生并非出于本心或过于功利化地选择乡村定向师范专业，不具备一定的乡村情怀，不能做到了解农村和农村教育，胜任农村教育工作也就无从谈起了。

第四，培养训练也被看作是影响乡村定向师范生心理健康教育胜任力的因素。胜任力研究的先驱和权威研究者McClelland（1973）、Spencer夫妇（Spencer and Spencer, 1993）、Hoge（Hoge, Tondora, and Marrelli, 2005）以及Kaslow（2004）都指出，胜任力具有可塑造性，即胜任力是可以通过培训和干预而得到提升的。相关的研究也指出，有针对性的培训和干预能够有效提升胜任力水平，其中包括（但不限于）学习胜任力（learning competence, Christenson, 2003）、文化胜任力（cultural competence, Ekblad and Forsström, 2012）、社会情绪胜任力（socio-emotional competence, Rosenthal and Gatt, 2010）等。

第五，一些政策方面的要求也从客观上影响着乡村定向师范生心理健康教育的胜任力。例如《中共中央国务院关于进一步加强和改进未成年人思想道德建设的若干意见》《国家中长期教育改革和发展规划纲要（2010-2020年）》《中小学心理健康教育指导纲要》等政策文件都对中小学开展心理健康教育工作提出了具体的要求，特别是教育部于2012年印发的《中小学心理健康教育指导纲要（2012年修订）》指出："全体教师都应自觉地在各学科教学中遵循心理健康教育的规律，将适合学生特点的心理健康教育内容有机渗透到日常教育教学活动中"，"要在中小学校长、班主任和其他学科教师等各类培训中增加心理健康教育的培训内容"。不难看出，开展中小学心理健康教育工作，不仅是专职心理健康教师的任务，也是中小学校长、班主任和其他学科教师应当具备的工作能力之一。这些政策的要求一方面使得师范院校更为重视全体师范生心理健康教育能力的培养（王进才，2011；赵玉东，2015；赵永萍 等，2011），另一方面也促使师范生更为关注心理健康教育相关知识的学习和相关实践的积累。同时，结合农村地区儿童（尤以农村留守儿童最为典型）心理问题突出，亟待心理教育介入的现实（刘佰桥，2011；刘占兰，2017；廖传景 等，2014），这些政策对乡村定向师范生心理健康教育胜任力的影响也就更为明显了。

以上5类因素最终构建出"内在因素"和"外在因素"两个主范畴，前者包括"知识技能""人格特征"和"行为动机"，后者包括"培养训练"和"政策要求"。从两者的作用机制来看，内在因素通常直接作用于乡村定向师范生心理健康教育胜任力，而外在因素则需要通过内在因素而作用于胜任力。罗小兰和林崇德（2010）的研究也探讨了类似的问题，他们研究了教师的人格特质和学校领导方式对教师胜任力水平的影响。显然，人格特质属于教师的内在因素，而领导方式则属于外在因素，它们对于教师胜任力的影响是一个中介模型，即内在因素除了直接影响教师胜任力，也伴随外在因素同时起着影响作用。该结论也符合马克思主义哲学的观点——"外因通过内因起作用"。在此基础上，陶富源（1993）对内因和外因关系的阐述更能解释本研究的结论，他认为外因通过内因起作用，更多的是"外因内化"的结果，即外因通过转化为内因而促成了事物的变化和发展。正如本研究中，培养训练和政策要求等外在因素并不是直接作用于乡村定向师范生心理健康教育的胜任力，而是通过作用于内在因素，甚至转化为内在因素而发挥着影响作用。例如，通过培养训练而提升师范生相应的实践技能、增加师范生相关知识的积累、改善师范生学习以及赴农村从教的动机、完善师范生在相关领域的人格特质等，最终实现该群体心理健康教育胜任力的提升。

总之，本章研究一方面进一步探讨了乡村定向师范生心理健康教育胜任力的问题，尤其是分析了影响胜任力的因素及其作用机制；另一方面，本章研究为后续开展胜任力的培训提升课程的设计与实施提供了依据。

第七章 江苏省乡村定向师范生心理健康教育胜任力的提升研究（研究5）

一、引言

开展胜任力的研究，其落脚点在于提升胜任力水平，进而使得个体能够更好地胜任特定的工作，并提升工作效率（Kaslow，2004；McClelland，1973）。对乡村定向师范生的研究亦是如此，对该群体心理健康教育胜任力的研究，归根到底是为了提升他们的胜任力水平，并在今后将该能力运用于乡村教育实践中，从而疏解农村儿童的心理困扰，提升农村儿童的心理健康水平。同时，从胜任力的概念出发，它也确实有被提升的可能。如前文所述，胜任力具有可塑造性，即胜任力是可以通过培训和干预而得到提升的（Hoge, Tondora, and Marrelli, 2005；Spencer and Spencer, 1993）。

对胜任力提升的研究，已有不少学者提出了一些观点、开展了一些实践。例如，Christenson（2003）的研究基于生态系统理论，从家校合作的角度出发，探讨了如何提升学生的学习胜任力水平（learning competence）；再比如，Fraser等人报告了一项以学校为基础的研究，该研究旨在通过社会信息加工技巧训练（social information-processing skills training），即加强儿童处理社会信息和调节情绪的技能来减少攻击行为，进而提升他们的社会胜任力（social competence）（Fraser et al., 2006）。

但是，对于心理健康教育或相关领域的胜任力，现有的研究涉及并不多，目前一些关于心理健康教育或相关领域胜任力提升的研究多是基于胜任力的分类、胜任力的评估、胜任力的模型等提出一些大的方向和建议。例如 Kaslow 等人（2015）曾围绕家庭领域的心理健康从业人员的胜任力特征，探讨了胜任力水平提升的路径；Gilfoyle（2008）从法律制度的层面出发，探讨了心理学专业胜任力提升过程中的风险管理问题；薛艳（2015）基于心理资本的视角，探讨了高校辅导员的胜任力提升路径，并在其中提到了心理健康教育相关的内容。但是深入来看就会发现，以上研究对胜任力的提升多是从不同的视角出发，探讨心理健康从业人员具体有哪些胜任力特征是需要不断提升的，其中包括科学的知识、干预的能力、评估与测量的能力等。总的来说，该领域对胜任力提升的研究多限于理论思考层面，缺乏可操作性的实践研究。因此，关注胜任力的实践研究，开发提升胜任力水平的科学方法，是胜任力尤其是心理健康教育胜任力研究值得关注的问题。

对于心理健康教育胜任力的提升，需要从内容和形式两方面入手：内容方面，尽管以往研究并未提供具体的、可操作的培训内容，但前序研究的结论不失为可参考的依据，尤其是对乡村定向师范生心理健康教育胜任力影响因素的探讨，可作为提升实践的切入点；形式方面，Zhang 和 Zhou（2019）近期开展的一项元分析研究显示，对于跨文化胜任力（intercultural competence）的提升，最有效的方法有两种，一种是接触不同文化、体验不同文化（overseas immersion），它和跨文化的概念密切相关；另一种则是教学干预的方法（pedagogical interventions）。除此之外，教学干预提升胜任力水平的结论也得到了不同胜任力研究的支持。

基于此，本研究拟通过教学干预的方法，围绕前序研究的结论设计教学内容，并将教学实施于平行班级（实验班和控制班），以验证教学内容的有效性。

二、研究方法

（一）研究对象

采用整群抽样的方法，于南京市某师范院校选取小学教育（师范）专业两个平行班级作为研究对象，并随机将其分为实验班和控制班。实验班除了参与学校常规的教学以外，另接受8次教学干预，每次2课时。控制班除了参与学校常规的教学以外，不接受其他任何教学培训。两个班级大部分课程的授课教师相同，据各科教师反映，两个班级在学习氛围、学习成绩、活动参与等方面没有太大差异。具体同质性检验，详见下文"研究结果"部分。

这两个班级的学生均于2019年入学，开展本教学干预研究时，处于大学二年级。其中实验班51人（男生7人，女生44人）、控制班50人（男生8人，女生42人）。但在教学干预过程中，部分学生未全程参与所有课时的教学，还有部分学生未参加全部三次测试（即"前测""后测"和"追踪测试"[①]），故在数据分析时，将这部分学生的数据删除。最终，实验班纳入数据分析的学生有42人（男生5人，女生37人），控制班纳入数据分析的学生有47人（男生7人，女生40人）。

（二）课程内容

基于以上分析，本研究采用教学干预的方式开展研究。具体教学内容由前序研究中胜任力的影响因素而产出，具体内容如表7-1所示。

表中的8次教学活动基于研究4中发现的影响因素，从知识技能、人

---

① 研究中的"前测""后测"和"追踪测试"设置详见下文"研究过程"部分的说明。

格特征、行为动机和培养训练 4 个方面入手，开展教学干预实验。另外，研究 4 中还提及，政策要求也是影响乡村定向师范生心理健康教育胜任力的因素之一，但是考虑到"政策要求"的内容与教育主管部门以及学校人才培养政策制定过程更为相关，在教学干预研究中难以嵌入，故暂未将其纳入教学干预的内容。

在以上 4 个方面中，知识技能部分包含 3 次教学（每次教学 2 课时，合计 6 课时）。第 1 次和第 2 次教学邀请心理学专家（授课专家资质详见表 7-1，下同）为实验班学生讲授心理健康教育相关的知识和技能，其中第 1 次课主要讲授心理学、心理健康教育以及儿童青少年心理的基础知识，第 2 次课主要讲授儿童青少年心理干预的主要技巧和注意事项。第 3 次课邀请从事学校心理健康教育实践的专家与实验班学生分享开展学校心理健康教育的经验和体会。

人格特征部分是第 4 次教学（2 课时），本次教学由研究者本人开展，主要内容涉及培育健全人格、自我情绪调控、处理人际关系、学会共情与尊重等。

行为动机部分包含 2 次教学（每次教学 2 课时，合计 4 课时）。第 5 次教学邀请农村教育专家为实验班学生开展题为"乡村教育的情怀"的讲座，讲座主要包含 3 个方面的内容：第一，专家向实验班学生分享自己开展农村教育的体会；第二，专家结合自身经验，向学生介绍农村和农村教育的特点；第三，专家从国家发展、农村需要、自身成长等角度出发，强调开展高质量农村教育的紧迫性和必要性，并号召乡村定向专业的学生能够扎根农村、勇于担当，为农村教育事业作贡献。第 6 次教学由研究者本人开展，主要涉及教师职业理想与职业情怀教育，向学生介绍教师职业的发展路径以及教师职业的崇高性和发展性，旨在通过教学提升实验班学生的从教意愿，坚定他们教书育人的信念。

表 7-1 教学干预内容简表

干预序次		教学干预内容	教学课时	
第1次	知识技能	向学生介绍心理学、心理健康以及儿童青少年心理的基础知识	2	心理学博士，南京某高校心理学教师，副教授，国家二级心理咨询师
第2次		向学生介绍儿童青少年心理干预的主要技巧和注意事项	2	同上
第3次		与学生分享学校心理教育实践的经验和体会	2	南京市某中学专职心理健康教师，心理学硕士
第4次	人格特征	主要内容涉及培育健全人格、自我情绪调控、处理人际关系、学会共情与尊重等	2	研究者本人，心理学硕士，教育博士在读，国家二级心理咨询师，于南京某师范院校从事师范生和定向师范生培养工作
第5次	行为动机	开展讲座"乡村教育与情怀"，帮助学生更加深刻地了解农村和农村教育，提升乡村教育情怀	2	南京某师范院校教授，从事师范生和定向师范生的培养与教育工作
第6次		开展教师职业理想与职业情怀教育，坚定学生教书育人的信念	2	研究者本人（具体信息同上）
第7次	培养训练	与农村儿童青少年开展交流，了解他们的心理需求和心理困惑，以及他们理想中的心理健康教育	2	研究者本人（具体信息同上）
第8次		视频直播观摩农村学校心理健康教育课程实践，并与农村学校副校长开展交流	2	南京地区某农村学校副校长

培养训练部分包含 2 次教学（每次教学 2 课时，合计 4 课时）。研究 4 发现，培养训练因素主要涉及课程设置、教师能力、实践机会等内容，"课程设置"主要与学校层面人才培养方案的制定有关，故本教学干预研究暂不涉及。在教师能力方面，本研究在相关领域邀请理论知识和实践经验丰富的专家为学生授课，以保证"教师能力"因素不会影响教学研究的结果。在此基础上，该部分教学主要围绕"实践机会"开展。其中，在第 7 次教学开始之前，对一名农村学生开展访谈交流，倾听他（她）的心理困惑和心理需求，以及他（她）理想中的学校心理健康教育应该如何开展等[①]。在正式开始第 7 次教学时，请实验班学生每 4~5 人一组，每个小组分别对他们的访谈交流结论进行分享。分享结束后，在研究者的指导下，共同讨论农村儿童的特点，尤其是该群体的心理需求和心理困惑，并由此总结农村学校的心理健康教育应该如何开展。第 8 次教学借某农村学校开展心理健康教育公开课的机会，经该校同意，通过视频直播的方式，向学生直播该场公开课。直播结束后，邀请该校分管德育工作的副校长与实验班学生开展网络视频交流[②]，在农村教育教学，尤其是心理健康教育方面为实验班学生答疑解惑、分享经验。

（三）测量工具

为评估教学干预的效果，本研究利用研究 2 中编制的问卷，对干预对象的胜任力水平进行测试。问卷包含 42 道题目，从"能力技巧 1""能力技巧 2""自我调整""人格特质""乡村情怀""知识积累"和"伦理规范"

[①] 受到新冠肺炎疫情的影响，很多农村学校出于疫情防控的需要，不接受校外人员进校开展访谈交流，故此次教学中涉及的访谈交流均通过网络开展。由研究者为每组协调一名农村学校的学生，协调完毕后，各组与该名学生商定访谈交流时间，并按照约定的时间通过社交软件开展网络视频访谈。

[②] 与上述访谈交流一样，出于疫情防控的需要，公开课无法邀请学生现场观摩，故采用网络直播的方式向学生展示。后续与该校领导的交流也同样通过网络视频的方式开展。

等7个维度出发，考察受测者从事农村中小学心理健康教育工作的胜任力水平。所有项目均采用Likert五点计分，其中"1"表示"完全不符合"，"2"表示"基本不符合"，"3"表示"中间状态"，"4"表示"基本符合"，"5"表示"完全符合"。所有项目的得分相加，总分越高，表示受测者的胜任力水平越高。在本研究中，基于两个班级前测数据的检验结果显示，问卷的内部一致性系数为0.902。

与之前研究一样，考虑到该问卷是基于农村中小学教师群体而编制完成的，而师范生群体尚未完全走上农村中小学教育的工作岗位，因此在问卷的部分表述上做了修改，以适合师范生群体的研究。例如原问卷中，项目15的表述是"当开展心理健康教育活动遇到困难时，我能够处理好自己的消极情绪"，本研究中将其改为"如果在开展心理健康教育活动的过程中遇到困难，我能够处理好自己的消极情绪"；再比如原问卷中，项目9的表述是"我开展的心理健康教育相关的活动对学生有积极的影响"，本研究中将其改为"我相信在今后的农村教育实践中，我开展的心理健康教育相关的活动将对学生产生积极的影响"；等等。总之，通过调整，使得问卷的表述符合受测者的学习和实践经验。

（四）研究过程

研究模式如表7-2所示。具体而言，经研究对象所在学校和学院许可后，首先如上文所述，选取该校小学教育（师范）专业两个平行班级，两个班级大部分课程的授课教师相同，据各科教师反映，两个班级在学习氛围、学习成绩、活动参与等方面没有太大差异。

表7-2 教学干预研究的实验模式

组别	前测数据	实验处理	后测数据	追踪数据
实验班	X_1	接受教学干预	X_3	X_5
控制班	X_2	不接受教学干预	X_4	X_6

此后，随机将这两个班级分为实验班和控制班，并随即开展对这两个班级学生的前测，即利用"测量工具"部分所述问卷测查两个班级学生参

与研究之前心理健康教育胜任力的基线水平（即表 7-2 中的 X_1 和 X_2），以确定两个班级在干预之前是同质的。

此后，对实验班开展为期两个月的教学干预，除了参与学校常规的教学以外，实验班另接受 8 次教学干预（每周 1 次），每次 2 课时，合计教学干预 16 课时。除此之外，实验班不参加其他与心理学、心理健康教育相关的教学培训。在此期间，控制班除了参与学校常规的教学以外，不参加其他与心理学、心理健康教育相关的教学培训。

在为期两个月的教学干预结束后，对实验班和控制班进行后测，即利用"测量工具"部分所述问卷测查两个班级学生两个月后心理健康教育胜任力的水平（即表 7-2 中的 X_3 和 X_4），以确定教学干预的效果。最后，在教学干预结束两个月后，再次对两个班级进行问卷测查，即追踪测试，据此得到表 7-2 中的数据 X_5 和 X_6，从而进一步确认教学干预效果的稳定性。

此外，需要指出的是，本研究属于教学干预研究，因此需要考虑研究伦理的问题。从研究伦理中的"受益原则"出发，应当给予全部参与者同等的帮助。因此在追踪测试结束后，对控制班也开展为期两个月的教学干预，以提升控制班学生心理健康教育胜任力的水平。

三、研究结果

（一）两个班级的同质性检验

为确保两个班级在教学干预之前是同质的，首先对其进行同质性检验。表 7-3 显示，两个班级在教学干预之前在年龄、性别分布、籍贯分布等方面均不存在显著差异。此外，表 7-4 数据也显示，两个班级在前测上也不存在显著差异。以上结果表明，两个班级在开展教学干预之前是同质的。

表 7-3 同质性检验数据

	年龄（周岁，$M \pm SD$）	性别分布（男/女）	籍贯分布（苏北/苏中/苏南）
实验班	18.929 ± 0.745	5/37	22/10/10
控制班	19.000 ± 0.692	7/40	21/14/12
t 值或 χ^2 值	-0.469	0.170	0.593
p 值	0.642	0.680	0.744

（二）教学干预效果检验

表 7-4 呈现的是两个班级学生在前测、后测和追踪数据上的差异。简单来说，在前测中，两个班级学生在所有的维度和总分上均不存在显著差异；在后测和追踪测试中，除人格特质和伦理规范维度外，实验班在其他维度和总分上的得分均显著高于控制班。

表 7-4 两个班在前测、后测和追踪数据上的差异（$M \pm SD$）

		实验班（N=42）	控制班（N=47）	t 值	P 值
前测	乡村情怀	11.595 ± 2.651	11.787 ± 2.734	-0.335	0.738
	伦理规范	8.738 ± 0.767	8.617 ± 0.768	0.743	0.459
	人格特质	36.738 ± 4.968	36.064 ± 4.980	0.638	0.525
	自我调整	28.738 ± 3.548	29.170 ± 3.919	-0.543	0.589
	知识积累	6.952 ± 1.146	6.936 ± 1.223	0.064	0.949
	能力技巧1	25.119 ± 5.361	24.723 ± 5.367	0.347	0.729
	能力技巧2	23.214 ± 5.293	22.894 ± 5.430	0.281	0.779
	总分	141.095 ± 11.301	140.191 ± 12.428	0.357	0.722
后测	乡村情怀	14.095 ± 2.217	12.085 ± 2.765	3.754	<0.001
	伦理规范	8.928 ± 0.745	8.702 ± 0.656	1.524	0.131
	人格特质	38.191 ± 4.774	36.213 ± 5.012	1.900	0.061
	自我调整	31.167 ± 3.003	29.170 ± 3.919	2.673	0.009
	知识积累	7.952 ± 0.825	7.000 ± 1.268	4.144	<0.001
	能力技巧1	29.476 ± 4.581	25.192 ± 5.194	4.106	<0.001
	能力技巧2	27.452 ± 4.789	23.383 ± 5.211	3.820	<0.001
	总分	157.262 ± 10.019	141.745 ± 12.327	6.468	<0.001

续表

		实验班（N=42）	控制班（N=47）	t 值	P 值
追踪	乡村情怀	14.333 ± 2.313	11.915 ± 2.835	4.377	< 0.001
	伦理规范	9.023 ± 0.715	8.744 ± 0.641	1.941	0.056
	人格特质	38.285 ± 4.640	36.446 ± 5.081	1.775	0.079
	自我调整	32.285 ± 3.071	29.170 ± 3.919	4.139	< 0.001
	知识积累	8.166 ± 0.730	6.914 ± 1.195	5.879	< 0.001
	能力技巧1	29.047 ± 4.768	25.085 ± 5.158	3.749	< 0.001
	能力技巧2	27.119 ± 4.784	23.127 ± 5.182	3.761	< 0.001
	总分	158.261 ± 10.099	141.404 ± 12.393	6.982	< 0.001

以上数据表明，在多数维度和总分上，实验班经过教学干预，其心理健康教育胜任力得到了显著的提升。此外，追踪数据上的差异进一步表明，教学干预的效果具有较好的稳定性和持续性。

（三）观测时间与组别的交互效应分析

进一步考察干预的效果，采用 3×2 的混合设计模式对数据进行重复测量方差分析，其中观测时间（即前测、后测和追踪）作为被试内变量，实验班和对照班作为被试间变量。检验结果显示，除伦理规范维度以外（p=0.301，表7-5），在其他维度和总分上，时间和组别变量的交互作用均显著（ps < 0.001，表7-5）。即除伦理规范维度以外，实验班的数据在后测中均有明显提升，并且在追踪数据中保持稳定；相比而言，控制班的数据则始终处于基线水平。

表7-5 观测时间与组别的交互效应分析数据

维度/总分	交互作用检验的 F 值	P 值	维度/总分	交互作用检验的 F 值	P 值
乡村情怀	46.801	< 0.001	知识积累	34.269	< 0.001
伦理规范	1.218	0.301	能力技巧1	100.084	< 0.001
人格特质	20.079	< 0.001	能力技巧2	90.133	< 0.001
自我调整	75.130	< 0.001	总分	252.827	< 0.001

四、讨论

研究 3 显示，相比于在职农村中小学教师，乡村定向师范生心理健康教育胜任力尚显不足。尽管工作以后的实践训练和经验积累能够帮助他们逐渐提升这方面的能力，但如能通过特定的训练在师范生培养阶段就提升他们这方面的能力，对该群体走上工作岗位后适应农村教育实践也是不无裨益的。

因此，本研究基于前序研究中对乡村定向师范生心理健康教育胜任力及其影响因素的研究，对该群体开展教学干预研究。结果发现，通过教学干预，实验班在农村中小学心理健康教育胜任力的大部分维度和总分上，分数均有显著提升，表明教学干预是有效的。

（一）教学干预的效果分析

在本研究中，教学干预从知识技能、人格特征、行为动机和培养训练四个角度入手，设置了 8 次 16 课时的教学内容：

第一，从知识技能角度而言，师范生是否掌握开展心理健康教育的知识和技能关乎其能否胜任中小学心理健康教育工作，例如开展有效的沟通的能力（李华伟，2015；Oswaldo, Lupe, and Elisa, 2012）、掌握心理障碍基础知识和诊断标准（Kohrt, Jordans, and Rai, 2015）、组织和开展心理健康相关的课堂教学的能力（杨晓霞、张仁芳，2011）等都是胜任中小学心理健康教育工作的前提，这些内容在教学干预中也均有涉及。

第二，从人格特征角度而言，教育者心理健康、人格健全、责任心强等是其开展学校心理健康教育的促进因素，本研究特意针对人格特质开展教学干预，主要内容涉及如何培育健全人格、如何开展自我情绪调控、如何处理心理健康教育者与学生之间的关系、学会在心理健康教育实践中尊重学生、学会在心理健康教育实践中对学生共情等。

第三，从行为动机角度而言，当个体的行为动机与目标工作领域的价值理念相契合时，个体更容易胜任该项工作（Sukrapi and Muljono,

2014）。因此在教学干预中，通过专题讲座、教师职业理想教育和职业情怀教育，帮助学生更加深刻地了解农村和农村教育，提升乡村教育情怀，也进一步提升学生的从教意愿，坚定学生教书育人的信念。

第四，从培养训练角度而言，胜任力研究的先驱和权威研究者McClelland（1973）、Spencer夫妇（Spencer and Spencer, 1993）、Hoge（Hoge, Tondora, and Marrelli, 2005）以及Kaslow（2004）都指出，胜任力具有可塑造性，其可以通过培训和干预得以提升。因此在教学干预中，一方面让学生与农村儿童青少年开展交流，从而了解他们的心理需求和心理困惑，以及他们理想中的心理健康教育，进而让学生知道在学校心理健康教育中应该"做什么"；另一方面，让学生通过网络直播观摩农村学校心理健康教育课程实践，并请农村学校的领导就农村学校的心理健康教育为学生答疑解惑，进而让学生知道在学校心理健康教育中应该"怎么做"。

（二）无效果维度的分析

但是也要注意到，并非所有维度的分数经过教学干预都得到了提升，其中如表7-4显示，在后测和追踪测试中，实验班和控制班在伦理规范和人格特质两个维度上无显著差异（$ps > 0.05$）：

就伦理规范维度而言，该结果可能与我国注重师德师风建设的教师教育实践密不可分。当前，立德树人是新时代中国特色社会主义教育发展的根本任务（武东生、宋怡如、刘巍，2019），而师德师风建设是落实立德树人根本任务的关键（常青、李力，2018）。因此，在师范生培养的过程中，师德师风和教师职业道德的培养亦是培养的重点之一（张凌洋、谢欧，2020）。经过相关的培养和学习，师范生普遍能够理解教育实践中的师德规范和伦理要求，并能够将其迁移到相关实践之中，因此教学干预对其作用有限是可以理解的。

就人格特质维度而言，一方面，人格心理学理论认为，个体的人格特征具有相对稳定性（Figueredo et al., 2012），即随着个体心理与行为的发展，其人格特征保持相对稳定。因此，尽管接受了有针对性的教学干预，实验班学生的人格特质维度分数在后测和追踪测试中并没有显著高于控制班（ps > 0.05）。另一方面，人格特质也具有一定的可塑性，例如有学者指出，即使在成年乃至30岁以后，个体的人格特征也可能发生一些变化（Terracciano, Costa, and McCrae, 2006）。正如在本研究中，尽管实验班学生的人格特质维度分数在后测和追踪测试中并没有显著高于控制班，但均达到了边缘显著的水平（0.05 < p < 0.10），这在一定程度上又提示，教学干预对那些与心理健康教育胜任力相关的人格特质也具有一定的提升作用。从研究1中构建的模型和研究2中编制的问卷可以看出，人格特质维度包含理解共情、影响能力、真诚尊重、理性思考、人格健全等内容，这些内容一方面可以说是人格特征的行为表现，例如有研究显示，宜人性人格特征明显的人更容易对他人产生共情，尊重他人、待人真诚，也表现出更多的助人行为（Graziano et al., 2007）；另一方面，这些内容也可以被看作是与人格相关的一些行为技巧，尤其是在心理咨询与治疗等领域，尊重、理解、共情除了被认为是该领域从业人员应当具备的人格特质以外，也常常被看作是咨询师和治疗者开展咨询与干预的技巧（傅安球，2019），从技巧掌握和提升的角度而言，该维度分数出现一定程度的提升亦是合理的。正如观测时间与组别的交互效应分析显示，在人格特质维度上，交互作用是显著的，这一结果恰恰印证该结论。

（三）研究的伦理规范

本研究作为干预类研究，尤为重视研究的伦理规范。具体而言，在研究中从以下几个方面入手考虑研究的伦理规范：

第一，知情同意。一方面，研究得到了研究对象所在学校和学院的知情和许可，并在研究期间定期向参与研究的两个班级的辅导员报备教学干预进展和研究情况；另一方面，研究开始之前通过介绍会的形式向参与研究的两个班级学生介绍研究的大致情况，以确保两个班级学生对研究知情，并请学生签署知情同意书。

第二，自由退出。在研究过程中，允许学生按照自己的意愿参与教学干预，并享有自由退出的权利。在实际教学干预过程中，也确实有学生退出了部分课时的学习。在统计分析时，已将该部分学生的数据予以删除。

第三，同等干预。尽管在研究过程中，控制班没有接受任何额外的教学干预，但在研究结束之后，即追踪数据采集完毕之后，立即对控制班也开展了同样的教学干预，以保证控制班学生也能够获得有效的干预，以提升控制班学生的心理健康教育胜任力水平。此外，在对控制班进行教学干预之后和干预结束两个月后，同样对他们开展后测和追踪测试，以确定教学干预的有效性和稳定性。

第八章 研究总结

一、研究结论

本研究以江苏省乡村定向师范生群体为例，探讨农村预备师资的心理健康教育胜任力问题，围绕胜任力模型的建构、胜任力问卷的编制、胜任力现状的调查、胜任力影响因素的分析、胜任力水平的提升等内容开展了一系列研究。基于以上研究，得出以下几点结论。

第一，农村中小学教师心理健康教育胜任力模型包含6个维度（分别是乡村情怀、能力技巧、人格特质、自我调整、知识积累和伦理规范）和21个具体的特征，每一个维度都包含了21个具体特征中的一个或多个，其中一些是鉴别性特征，即能够将特定工作中的一般绩效者与卓越绩效者区分开的特质（包括了解农村、扎根农村、理解共情、影响能力、真诚尊重、发现问题、理性思考、知识积累、职业兴趣、把握规律等），一些是基准性特征，即胜任某项工具需要具备的一些基础的特质（包括建立关系、教学能力、诊断干预、危机干预、沟通能力、观察能力、人格健全、自控能力、成就动机、自我认识、伦理规范等）。

第二，基于胜任力模型编制的《农村中小学教师心理健康教育胜任力问卷》的信度、效度等指标均符合心理测量学要求。最终确定的问卷包含七个维度，即"能力技巧1""能力技巧2""自我调整""人格特质""乡村情怀""知识积累"和"伦理规范"，合计包含42个项目。

第三，基于江苏省乡村定向师范生群体的大规模调查显示：①受测师范生在"伦理规范"维度上的得分最高，而在"能力技巧"和"乡村情怀"方面得分较低。②与农村教师群体相比，乡村定向师范生群体的心理健康教育胜任力得分较低。③乡村定向师范生的心理健康教育胜任力在性别、年级、专业、学校、课程学习情况方面存在一定的差异。

第四，基于深度访谈的研究发现，乡村定向师范生心理健康教育胜任力的影响因素包括知识技能、人格特征、行为动机、培养训练和政策要求等内容，以上内容又可以构建出内在因素（包括知识技能、人格特征、行为动机）和外在因素（包括培养训练、政策要求）两个大类。内外两方面因素综合发挥作用：一方面，内在因素通常直接作用于乡村定向师范生心理健康教育胜任力；另一方面，外在因素则需要通过内在因素而作用于胜任力。

第五，基于模型建构、现状调查及影响因素分析而开发的教学干预从知识技能、人格特征、行为动机和培养训练四个角度入手，尝试提升乡村定向师范生心理健康教育的胜任力水平。经过随机对照实验研究，实验班在农村中小学心理健康教育胜任力的大部分维度和总分上，分数均有显著提升，表明教学干预是有效的，并且其效果具有较好的稳定性。

二、创新之处

相比于以往的研究，本研究的创新之处可以表现为以下3个方面：

第一，研究工具的创新，开发了农村教师（乡村定向师范生）心理健康教育胜任力的测量工具。以往对心理健康教育、心理咨询与干预等胜任力的研究主要通过访谈而开展。尽管访谈研究能够较为深入了解胜任力的结构、表现等内容，但囿于以访谈为代表的质性研究方法的特点，缺乏科学的测量工具使得该领域的研究无法开展大规模的调研，故而无法在大样本研究的基础上了解特定群体的胜任力水平现状和特点。本研究的内容之一就是编制该领域的测量问卷，尤其是研究2中基于测量学标准而编制的问卷，为本研究以及今后相关研究的大规模调研提供了工具基础。

第二，研究内容的创新，进一步丰富了师范生能力结构的研究。以往对师范生胜任力的研究多集中于教学及相关能力的探讨，正如文献综述部分所述，以往这些研究较为全面地展示了有关师范生能力的研究领域、研究内容、研究方法、研究结论等，但唯独缺少了对心理健康教育能力的关注。考虑到农村地区儿童心理与行为问题突出，且心理健康教育师资紧缺的现状，关注乡村定向师范生心理健康教育的能力是迫切需要的。这种迫切的需要正是本研究所关注的内容。

第三，研究方法的创新，本研究通过教学干预课程开发和随机对照实验的方法提升乡村定向师范生的心理健康教育胜任力。如文献综述部分所总结的，以往有关师范生能力提升的研究主要限于理论思考，缺乏可行的实践。心理健康教育能力方面亦是如此，以往研究没有涉及如何提升心理健康教育工作胜任力，或仅仅从比较宏观的层面泛泛而谈一些大的方向，缺乏可操作性。本研究开发胜任力提升课程，并通过随机对照实验检测其有效性，从内容和方法两个层面入手，这是在以往研究中尚未涉及的内容。

三、思考与展望

总的来说，本研究较为全面地展示了江苏省乡村定向师范生心理健康教育胜任力的现状与特点，也为该群体心理健康教育胜任力的提升提供了可行的实践建议。但深入分析可以发现，依然有一些问题或困境在后续研究中值得进一步关注：

第一，样本代表性问题。本研究关注的是农村预备师资的心理健康教育胜任力，因此以江苏省的乡村定向师范生群体为代表开展了研究。但需要注意的是，不同地区、不同学校在师范生，尤其是乡村定向师范生的培养目标、培养模式、培养要求等方面或多或少地存在一些差异。因此，本研究基于江苏样本得出的结论是否能够推广到更大的范围，这是今后需要进一步开展比较研究的内容。

第二，研究内容与实践要求之间的契合度问题。本研究从乡村情怀、能力技巧、人格特质、自我调整、知识积累、伦理规范等角度出发，探讨乡村定向师范生心理健康教育胜任力的问题，这些内容主要基于行为事件访谈等方法而得出，它们与农村中小学心理健康教育实践的要求是否契合？研究中开展的大规模调查以及教学干预效果的评估主要依赖于研究中编制的问卷，而问卷中有一些内容评估的是师范生对自身胜任力的主观感知，这种主观感知与农村中小学心理健康教育实践的要求是否契合？这些契合度的问题还需要后续研究进一步关注，特别是在有条件的情况下，进一步开展追踪研究，对参与本研究调查的师范生开展长期追踪，以确定研究中考察的内容与今后实践的要求是否契合。

第三，实践中的伦理冲突问题。本研究尤为关注伦理规范的要求。研究结果也显示，绝大部分受测师范生都能知晓并在实践中遵守心理健康教育的伦理规范。但是，不可否认的是，在学校心理健康教育实践中，一些伦理的冲突是师范生群体在今后教育实践中必须面对和应对的。这其中既包括一些传统的伦理冲突，例如学生隐私权与监护人知情权之间的冲突、教师的权威身份与心理健康从业者的平等身份之间的冲突等；也包括一些新兴的伦理冲突，例如受制于农村学校心理健康教育专业人员的缺乏，其他学科教师必然要承担起心理健康教育的工作，对存在心理困惑和心理障碍的学生开展初步的诊断和干预，但2013年起颁布实施的《中华人民共和国精神卫生法》要求，"心理咨询人员不得从事心理治疗或者精神障碍的诊断、治疗"，其他学科的教师通常不具备心理咨询资质，心理治疗资质更是无从谈起，这些伦理困境也是该群体需要面对的。

参考文献

贝克（Baker S B），格勒（Gerler E R），2008. 21世纪的学校咨询（第四版）［M］. 王工斌，等译. 北京：中国轻工业出版社.

曹宇巍，2011. 谈新课程改革背景下物理师范生教学能力的培养［J］. 教育探索，（2）：107-109.

蔡亚萍，2004. 关于师范生教育素质的调查研究［J］. 浙江师范大学学报（自然科学版），（2）：99-104.

常青，李力，2018. 师德师风建设是落实立德树人根本任务的关键［N］. 光明日报，11-26（11）.

常彦妮，2020. 微课在数学师范生教学能力培养中的应用［J］. 南阳师范学院学报，19（1）：65-68.

陈蓓，2019. 乡村教师定向培养现状与问题研究［J］. 江苏第二师范学院学报，35（3）：5-8.

陈萍，2010. 论培养师范生适应小学语文阅读教学的语言实践能力［J］. 教育与职业，（23）：64-65.

陈婉转，2016. 校政校协同下英语师范生教学能力全程化、立体化培养探索［J］. 开封教育学院学报，36（4）：137-139.

陈向明，2000. 质的研究方法与社会科学研究［M］. 北京：教育科学出版社.

戴斌荣，2012. 农村留守儿童的心理特点及教育对策［J］. 教育理论与实践，（13）：44-47.

邓立军，刘红玉，李淑凤，2019. 专业认证背景下数学师范生教学能力的培养与提升［J］. 科技视界，（34）：121-122.

杜富裕，2015. 小学教育专业师范生提升实践能力途径研究［J］. 教育探索，（10）：130-132.

段志贵，宁耀莹，陈馨悦，2020. 定向乡村师范生回乡任教：迷思与解析［J］. 中小学教师培训，（7）：20-23.

范洪辉，刘远君，张旭东，2014. 地方院校师范生抗挫折心理能力现状与特点研究［J］. 肇庆学院学报，35（1）：67-70.

冯海英，2008. 微格教学在师范生语文教学能力培养中的应用［J］. 中国成人教育，（18）：160-161.

冯蓉，张彦通，2017. 基于扎根理论的在校博士生焦虑心理影响因素研究［J］. 研究生教育研究，（3）：41-46.

封喜桃，2013. 小学教育专业师范生语文教学技能训练研究［J］. 教育评论，（5）：78-80.

傅安国，张再生，郑剑虹，等. 2020. 脱贫内生动力机制的质性探究［J］. 心理学报，52（1）：66-80.

傅安球，2019. 实用心理异常诊断矫治手册（第五版）［M］. 上海：上海教育出版社.

付晓，2012. 师范生与专家教师问题解决能力差异的比较研究［D］. 桂林：广西师范大学.

甘火花，王贞，2016. 福建省小学教育专业数学预备教师本体性知识调查研究［J］. 数学教育学报，25（3）：71-75.

龚炜，2010. 科学发展观引领下的免费师范生学习主动性培养［J］. 改革与开放，（2）：151-152.

桂思琴，康淑瑰，王鲜凤，2017. 数学师范生信息化教学能力培养的若干策略［J］. 信息记录材料，18（6）：110-111.

贺雯，2003. 师范生的心理素质结构及其自我评价的研究［J］. 上海师范大学学报（哲学社会科学·教育版），32（4）：109-113.

胡万山，2018. 师范类专业认证背景下教师教育改革的意义与路径[J]. 黑龙江高教研究，36（7）：25-28.

胡小平，谢作栩，2020. 疫情下高校在线教学的优势与挑战探析[J]. 中国高教研究，（4）：18-22，58.

黄嘉莉，陈宥仔，桑国元，2019."教师是否为专业?"——台湾师范生《教育社会学》课堂论辩结果的实证探索[J]. 教师教育研究，31（3）：99-109.

黄学兵，董博青，蒋丽辉，等. 2011. 顶岗实习模式下师范生课堂教学能力的培养和发展研究[J]. 河北师范大学学报（教育科学版），13（6）：75-78.

塞世琼，周钧，2017. 加拿大布鲁克大学"4+2教师教育项目"的内部质量保障体系研究[J]. 外国教育研究，44（12）：55-64.

金然，朱云东，雷蕾，等. 2015. 数学专业师范生基于GeoGebra的动态几何教学能力培训[J]. 中国教育技术装备，（2）：21-22，26.

贾楠，2015. 中小学课堂教学中师生沟通的虚假与真实[J]. 教育导刊（9）：58-61.

教育部师范司，2003. 教师专业化的理论与实践(修订版)[M]. 北京：人民教育出版社.

蒋蓉，李新，黄月胜，等. 2019. 地方师范院校公费师范生乡村小学从教意愿调查[J]. 教育研究与实验，（6）：29-34.

康钊，2011. 校、家庭、社会三结合关注农村留守学生心理健康教育[J]. 学术论坛，34（11）：103-106.

赖青，2011. 教学监控能力与医学教学质量相关性研究[J]. 中国现代医学杂志，21（36）：4531-4533.

兰英，张博，2009. 英国职前教师反思能力的培养[J]. 比较教育研究，31（12）：11-15.

雷雳，杨洋，2007. 青少年病理性互联网使用量表的编制与验证[J].

心理学报，（4）：688-696.

李斌辉，张家波，2016. 师范生教育实习的风险及规避［J］. 教育发展研究，（10）：33-40.

李华伟，2015. 人本主义咨访关系对高校德育的启示［J］. 学校党建与思想教育，（12）：29-31.

李金妹，方晓梅，苏惠芬，2012. 英语师范生"体验式学科教学能力发展模式"研究［J］. 考试与评价，（6）：18-21.

李静美，2020. 农村公费定向师范生"下得去、留得住"的内在逻辑［J］. 中国教育学刊，（12）：70-75.

李均，2008. 我国教师资源配置结构性失衡现象考察——兼论当前农村教师队伍建设的制度选择［J］. 深圳大学学报（人文社会科学版），（1）：152-157.

李明高，葛仁福，2016. 高师院校学生教学实践能力训练体系与构建策略［J］. 淮阴师范学院学报（哲学社会科学版），38（5）：687-690，700.

李丽，2019. "课程思政"视域下师范生德育工作模式探析［J］. 决策探索（下），（8）：67-68.

李艳，杨坤，2019. 独立学院师范生教学设计能力调查研究［J］. 长春教育学院学报，35（6）：59-61.

李岩楠，2017. 高职高专英语师范生探究式教学能力自我评价反思情况调查［J］. 课程教育研究，（4）：70-71.

李源田，王正青，2012. 德国中小学教师职业准备教育及其新发展［J］. 比较教育研究，34（6）：82-86.

李政云，2019. 论师范生教育实习能力标准构建——以宾夕法尼亚州为例［J］. 湖南师范大学教育科学学报，18（6）：85-91.

梁福成，2019. 专业认证背景下师范生培养模式研究［J］. 天津师范大学学报（社会科学版），（4）：64-68.

梁文艳，2010. "留守"对西部农村儿童学业发展的影响——基于倾向分数配对模型的估计［J］．教育科学，（5）：45-52．

廖传景，韩黎，杨惠琴，等．2014．城镇化背景下农村留守儿童心理健康：贫困与否的视角［J］．南京农业大学学报（社会科学版），14（2）：21-27．

刘佰桥，2011．农村留守儿童心理健康状况研究评述［J］．继续教育研究，（12）：52-54．

刘波，2010．美国预备教师对于品格教育态度的研究——以对哈丁大学计划取得教师资格证本科生取样研究为例［J］．河北理工大学学报（社会科学版），10（6）：103-105．

刘长宏，苑晓杰，2013．实践取向的师范生创新能力培养［J］．实验室研究与探索，32（5）：108-110．

刘河燕，2019．基于师范类专业认证的教师教育课程内容改革研究［J］．现代大学教育，（4）：24-29，112．

刘霞，赵景欣，申继亮，2007．农村留守儿童的情绪与行为适应特点［J］．中国教育学刊，（6）：12-14，26．

刘霄，2009．实施"三全培育"模式提高师范生教师职业技能［J］．中国高等教育，（Z3）：68-69．

刘旭东，2011．师范生教育实践能力培养与教育实习课程改革研究［J］．当代教育与文化，（2）：80-85．

刘旭辉，范洪辉，岑延远，2014．地方院校师范生抗挫折心理能力与生命价值观的关系研究［J］．肇庆学院学报，35（1）：76-79．

刘占兰，2017．农村幼儿留守生活的潜在心理危机与应对［J］．中国特殊教育，（3）：65-70．

陆红娟，2008．特别的爱献给特别的你——对小学生问题行为进行有效干预的实践研究［J］．中国教育学刊，（3）：69-74．

卢学双，王丽姝，2012．努力探索农村心理健康教育发展新路径［J］．吉林教育，（29）：16-17．

卢利亚，2017．农村留守儿童安全和品行问题的空间治理［J］．贵州社会科学，（9）：69-74.

罗福建，2011. 师范生核心就业能力的提升策略研究［J］. 贵州师范学院学报，27（2）：71-73.

罗小兵，邓亚兰，王斌，2016. "学""术"融合教学模式促进体育免费师范生教学能力的实验研究［J］. 教育研究与实验，（2）：92-96.

罗小兰，林崇德，2010. 基于工作情境下的教师胜任力影响因素［J］. 中国教育学刊，（2）：80-83.

罗晓，杨俊茹，李慧，2004. 师范生教师职业态度及其差异比较［J］. 集美大学学报（教育科学版），（4）：26-29，76.

马建青，2014. 论思想品德问题与心理健康问题的关系［J］. 教育发展研究，（8）：30-35.

马晓春，郭崇林，姜洪泉，2014. 教师专业发展视角：通识教育在师范生自我职业生涯发展中的效能研究［J］. 电子科技大学学报（社科版），16（1）：96-100，112.

毛明勇，2007. 大学英语教师网络教学能力现状分析［J］. 外语界，（2）：26-31.

聂桐彤，戴喜颖，邹君，等. 2020. 地方院校师范生教材分析能力评价与现状分析——以地理科学专业为例［J］. 地理教学，（3）：16-19.

泮梦婷，黄兴帅，2017. 定向乡村小学全科教师招录不足的研究——以安徽省为例［J］. 滁州学院学报，19（6）：98-102.

彭聃龄，2019. 普通心理学（第五版）［M］. 北京：北京师范大学出版社.

蒲德祥，2008. 基于素质模型的组织绩效研究［J］. 改革与战略，24（12）：183-185.

乔金锁，蔡雪梅，2010. 新建本科院校师范生科研能力弱的原因及对策研究［J］. 化学教育，31（4）：57-61.

乔明文，2009. 教育行动研究：提高英语师范生从教能力的有效途径［J］. 中国成人教育，（5）：142-143.

沈红宇，蔡明山，2019. 公平价值的引领：从免费到公费的师范生教育［J］. 大学教育科学，（2）：66-71，124.

沈田青，2019. 从"思政课程"到"课程思政"——以师范生职业道德培育为例［J］. 新乡学院学报，36（2）：73-76.

时勘，2006. 基于胜任特征模型的人力资源开发［J］. 心理科学进展，14（4）：586-595.

束晓霞，2014. 学生发展指导：普通高中教育变革的新路径［J］. 教育研究与实验，（3）：33-37.

束晓霞，2015. 从观念到行动：普通高中学生发展指导研究［M］. 长春：东北师范大学出版社.

宋祥，马云鹏，2010. 中学语文教师专业知识素养的调查与思考［J］. 现代教育管理，（12）：84-87.

隋勇，2016. 谈"微课"对语文师范生教学技能的培养［J］. 语文建设，（18）：3-4.

谭军，2018. 师范生知识储备与适应能力差异化分析及应对策略［J］. 教育理论与实践，38（35）：37-39.

陶富源，1993. 外因内化而起作用的普遍性及其意义［J］. 哲学动态，（6）：15-17.

田春艳，2009. 现代教育视角下师范生教学能力培养的策略研究［J］. 继续教育研究，（9）：142-143.

王夫艳，2012. 实践中学习教学——香港师范生专业实践能力的培养理念评析［J］. 全球教育展望，41（12）：75-79.

王进才，2011. 论师范生心理健康教育能力的培养［J］. 吕梁教育学院学报，28（3）：17-19.

王秋香，2015. 生态学视角下农村留守儿童社会化的三重维度［J］. 江西社会科学，35（12）：196-201.

王铁英，2015. 共享心育资源 促进教师专业成长——农村心理健康教育"送教下乡"新路径探索［J］. 中小学心理健康教育，（16）：

31—33.

王晓芳，周钧，2019．新加坡师范生教育实习质量保障机制研究［J］．比较教育研究，41（5）：76—82．

王孝红，2008．试论师范生自主学习能力的自我培养［J］．教育探索，（10）：21—22．

王莺雨，2019．数学本科师范生数学建模能力水平的现状调查［D］．上海：华东师范大学．

王云彪，2014．教师教育中创新勇气的激发与培养［J］．高等教育研究，35（8）：77—81．

王忠华，翟璟，2020．影响师范生深度学习的反思能力调查与分析［J］．中国信息技术教育，（11）：102—105．

温春勇，叶晓红，2018．师范生心理弹性与就业压力的相关研究［J］．陕西学前师范学院学报，34（12）：87—91．

吴彩霞，李雪皎，2020．师范生心理教育能力的现状及培养对策——以滇中地区为例［J］．教育现代化，7（9）：163—165．

吴晗清，赵芳祺，李丽萍，2019．化学师范生实验教学能力认识的调查研究［J］．化学教学，（7）：19—25．

吴欣，2016．语文写作教学与汉语言师范生的语言能力培养［J］．语文建设，（14）：9—10．

吴垠，桑志芹，2010．心理咨询师胜任特征的定性研究［J］．中国心理卫生杂志，24（10）：731—736．

武东生，宋怡如，刘巍，2019．立德树人是新时代中国特色社会主义教育发展的根本任务［J］．思想理论教育导刊，（1）：66—70．

伍威·弗里克（Flick U），2007．质性研究导论［M］．李政贤，廖志恒，林静如，译．台北：五南图书出版公司．

肖丁宜，樊富珉，杨芊，等．2016．团体心理咨询与治疗师胜任特征初探［J］．心理科学，39（1）：233—238．

肖仕琼，2014．高校英语专业师范生教学技能提升探究［J］．黑龙江高教研究，（3）：66-68.

辛宪军，徐新萍，2020. 乡村教师定向培养的成效、问题及对策［J］. 教育评论，（2）：115-119.

徐红，董泽芳，2019. 改善我国教师专业发展机制的八大建议［J］. 教育研究与实验，（3）：55-60.

徐建平，张厚粲，2006. 中小学教师胜任力模型：一项行为事件访谈研究［J］. 教育研究，27（1）：57-61.

徐萌，2017. 探究微格教学对英语师范生教学能力的影响［J］. 中外企业家，（18）：227-228.

徐雅楠，2017. 提高高校英语师范生自我探究式教学能力研究［J］. 佳木斯职业学院学报，（6）：182-183.

徐蕴，2018. 运用"翻转课堂"模式培养英语师范生教学能力的可行性分析［J］. 江苏第二师范学院学报，34（5）：116-118.

薛艳，2015. 基于心理资本视角的高校辅导员胜任力探讨［J］. 高等理科教育，（6）：81-86.

雅各布斯，马森，哈维尔，2006. 团体咨询：策略与技巧［M］. 北京：高等教育出版社.

闫俊斌，2012. 教育实习前后师范生教学效能感的调查研究［D］. 金华：浙江师范大学.

杨爱君，2012. 免费师范生教学能力研究［J］. 教师教育研究，24（4）：45-50.

杨利君，2015. 共情技术在思想政治课中的运用［J］. 中学政治教学参考，（1）：45-46.

杨晓霞，张仁芳，2011. 建构农村小学心理健康教育课堂教学模式初探［J］. 长春教育学院学报，（2）：9-11.

姚春，2009. 高等师范生成就动机的性别差异［J］. 中国电力教育，（3）：185-186.

俞锋，2020. 师范生心理调节能力与就业压力的相关研究［J］. 教育教学论坛，（9）：77-78.

于钦明，崔国红，2012. 心理健康教育视域下思想政治教育创新研究[J]. 中国教育学刊，（S2）：275-276.

余琼，王长江，2019. 国内6所师范院校物理学师范生教学技能差异及成因探究[J]. 教书育人（高教论坛），661（3）：68-70.

袁亚丽，2016. 地方师范院校历史专业师范生专业教学能力培养研究[J]. 历史教学（下半月刊），（4）：67-72，27.

曾晓洁，2017. 教育变革力：农村定向师范生的一项关键能力[J]. 教育评论，（2）：12-15.

曾晓洁，蒋蓉，2018. 乡村定向教师职业道德素养的现状及其影响[J]. 湖南第一师范学院学报，18（6）：47-52.

张爱莲，黄希庭，2010. 国外心理健康服务人员胜任特征[J]. 心理科学进展，18（2）：331-338.

张蓓，2019. 师范生情绪能力与生活满意度：心理弹性和职业使命感的并行中介作用[D]. 西安：陕西师范大学.

张本钰，张锦坤，陈梦玲，2012. 师范生就业焦虑及其与自我和谐、心理弹性的关系[J]. 长江大学学报（社会科学版），35（9）：129-132.

张景焕，王晓玲，常淑敏，等. 2008. 师范生心理素质的结构及特征[J]. 心理学探新，（1）：88-91.

张景焕，张承芬，常淑敏，2004. 师范生心理素质评价量表的研制[J]. 心理科学，（2）：453-455.

张凯，2012. 新课程背景下提升师范生信息技术能力的策略研究——以内江师范学院为例[J]. 中国教育学刊，（S1）：77-79.

张琳，约克·沃格特，2019. 融于学科的师范生信息化教学能力培养——来自荷兰的经验[J]. 教育发展研究，39（4）：44-53.

张凌洋，谢欧，2020. 论新时代师范生的师德培养[J]. 教师教育学报，7（6）：16-21.

张梦雨，陈倩娜，周钧，2016. 美国批判取向的教师教育[J]. 比较教育研究，38（1）：72-77.

赵喜迎，2019. 江苏乡村体艺教师定向师范生从教意愿的调查研究——以江苏 H 高校为例[J]. 体育科技，40（3）：131-132.

赵喜迎，江宇，2018. 江苏省首届乡村教师定向师范生报考动机分析——以南京晓庄学院为例[J]. 高教论坛，（11）：100-104.

赵晓光，马云鹏，2015. 卓越教师培养背景下的师范生学科教学知识发展[J]. 黑龙江高教研究，（2）：91-93.

赵勇，2009. 加强师范生计算机辅助教学能力的培养模式研究[J]. 四川师范大学学报（社会科学版），36（6）：53-56.

赵永萍，赵玉芳，邓义桂，等. 2011. 师范生心理教育能力实训课程体系初探[C]// 2011 年心理学与社会和谐学术会议论文集. Proceedings of Conference on Psychology and Social Harmony（CPSH2011）. 武汉：美国科研出版社.

赵玉东，2015. 师范生心理健康教育能力培养简析[J]. 现代交际，（5）：167.

郑杏月，武新慧，2020. 微信互动实践视角下的家校共育[J]. 教学与管理，（7）：11-14.

仲理峰，时勘，2004. 家族企业高层管理者胜任特征模型[J]. 心理学报，36（1）：110-115.

钟勇为，程思慧，蔡朝辉，2016. 卓越教师培养背景下专业课程设置调查与建议[J]. 高校教育管理，10（1）：25-32.

周大众，2019. 乡村定向师范生卓越潜质提升：内涵、价值与路径[J]. 当代教育论坛，（5）：40-46.

周钧，公辰，2016. 培养反思－探究型教师：芬兰研究取向教师教育探析[J]. 比较教育研究，38（11）：34-39.

周仕荣，2007. 运用同伴指导提高师范生的学教能力[J]. 数学教育学报，（4）：96-98.

周晓彬，张东峰，1999. 6-11岁农村学龄儿童行为问题及其影响因素的研究［J］. 中国行为医学科学，8（3）：215-217.

周永煌，2020. 大学生可持续发展择业能力的培养研究——由师范院校师范生就业难问题引发的思考［J］. 大学教育，（3）：140-142.

周有斌，2005. 加强实习基地建设提高师范生的从教能力［J］. 中国高教研究，（11）：89-90.

庄严，2008. 师范生培养模式新探索［J］. 黑龙江高教研究，（7）：1-3.

Agurtzane M, Nerea A, López de Arana, et al. 2019. Analysis of interaction patterns and tutor assistance in processes of joint reflection in pre-service teacher education［J］. Journal of Education for Teaching: International Research and Pedagogy, 45（4）：389-401.

American Psychological Association. 2002. Ethical principles of psychologists and code of conduct［J］. American Psychologist, 57（6）：1060-1073.

American Psychological Association. 2003. Guidelines on multicultural education, training, research, practice, and organizational change for psychologists［J］. American Psychologist, 58（3）：377-402.

American Psychological Association. 2004. Guidelines for psychological practice with older adults［J］. American Psychologist, 59（2）：236-260.

American Psychological Association. 2006. Evidence-based practice in psychology: APA presidential task force on evidence-based practice in psychology［J］. American Psychologist, 61（2）：271-285.

American Psychological Association. 2007. Guidelines for psychological practice with girls and women: A joint task force of APA divisions 17 and 35［M］. Washington DC: American Psychological Association.

Andreas S, John C, Miyako I, et al. 2007. Science Competencies for Tomorrow's World［J］. PISA, 30（1）：247-266.

Anselm S, Juliet C. 2006. Basics of qualitative research: Grounded theory procedures and techniques [J]. Modern Language Journal, 77 (2): 101-112.

Arredondo P, Toporek R, Brown S B, et al. 1996. Operationalization of the multicultural counseling competencies [J]. Journal of Multicultural Counseling and Development, 24 (1): 42-78.

Arredondo P, Shealy C, Neale M C, et al. 2004. Consultation and interprofessional collaboration: Modeling for the future [J]. Journal of Clinical Psychology, 80 (6): 787-800.

Avsec S, Jagiello-Kowalczyk M. 2018. Pre-service teachers' attitudes towards technology, engagement in active learning, and creativity as predictors of ability to innovate [J]. International Journal of Engineering Education, 34 (3): 1049-1059.

Bandiera G, Sherbino J, Frank J R. 2006. The CanMEDS assessment tools handbook: An introductory guide to assessment methods for the CanMEDS competencies [M]. Ottawa, Ontario: The Royal College of Physicians and Surgeons of Canada.

Batinic B, Gnambs T. 2012. A Personality-Competence Model of Opinion Leadership [J]. Psychology and Marketing, 29 (8): 606-621

Belar C D, Brown R A, Hersch L E, et al. 2001. Self-assessment in clinical health psychology: A model for ethical expansion of practice [J]. Professional Psychology: Research and Practice, 32 (2): 135-141.

Biscoe B, Wilson K. 2015. Arts Integration: A Strategy to Improve Teaching and Learning, Promote Personal Competencies, and Turn Around Low-Performing Schools [J]. Center on School Turnaround at WestEd.

Bieschke K J, Fouad N A, Collins F L, et al. 2004. The scientifically-minded psychologist: Science as a core competency [J]. Journal of Clinical Psychology, 80 (6): 713-724.

Boonsena N, Inprasitha M, Sudjamnong A. 2019. Pre-Service Teachers as a Part of Lesson Study Team [J]. Creative Education, 10(6): 1259-1270.

Braun-Jr J A, Crumpler T P. 2004. The social memoir: an analysis of developing reflective ability in a pre-service methods course [J]. Teaching & Teacher Education, 20(1): 59-75.

Brown E L, Phillippo K L, Weston K, et al. 2019. United States and Canada pre-service teacher certification standards for student mental health: A comparative case study [J]. Teaching & Teacher Education, 80(1): 71-82.

Chaghari M, Saffari M, Ebadi A, et al. 2017. Empowering education: A new model for in-service training of nursing staff [J]. Journal of advances in medical education & professionalism, 5(1): 26.

Chamorro-Premuzic T, Furnham A. 2005. Personality and intellectual competence [M]. New York: Psychology Press.

Chiumento A, Rahman A, Frith L, et al. 2017. Ethical standards for mental health and psychosocial support research in emergencies: review of literature and current debates [J]. Globalization and Health, 13(8): 432-449.

Christenson S L. 2003. The Family-School Partnership: An Opportunity to Promote the Learning Competence of All Students [J]. School Psychology Quarterly, 18(4): 454-482.

Chung-Herrera B, Enz C, Lankau M. 2003. Grooming future hospitality leaders: a competencies model [J]. Cornell Hotel and Restaurant Administration Quarterly, 44(3): 17-25.

Covington M V, Elliot A L, Dweck C S. 2005. Handbook of competence and motivation [M]. New York: Publisher Guilford Press.

Das M R, Pathak P, Singh P. 2018. Competency Identification of

Salespersons Through Behavioral Event Interviews: Evidence from the Oil Industry [J]. Indian Journal of Management, 11 (5): 321-330.

de las Fuentes C, Willmuth M E, Yarrow C. 2005. Ethics education: The development of competence, past and present [J]. Professional Psychology: Research and Practice, 36 (3): 362-366.

Division S. 2000. Guidelines for psychotherapy with lesbian, gay, and bisexual clients [J]. American Psychologist, 55 (10): 1440-1451.

Ekblad S, Forsström D. 2012. Inter-Professional and Inter-Cultural Competence Training as a Preventive Strategy to Promote Collaboration in Encountering New-Coming Refugees in the Reception Programme: A Case Study [J]. Essential Notes in Psychiatry, 313-332.

Elman N, Illfelder-Kaye J, Robiner W. 2005. Professional development: A foundation for psychologist competence [J]. Professional Psychology: Research and Practice, 36 (3): 367-375.

Epstein R M. 2007. Assessment in medical education [J]. New England Journal of Medicine, 356 (3): 387-396.

Epstein R, Hundert E. 2002. Defining and assessing professional competence [J]. Journal of American Medical Association, 287 (3): 226-235.

Falender C A, Cornish J A E, Goodyear R, et al. 2004. Defining competencies in psychology supervision: A consensus statement [J]. Journal of Clinical Psychology, 80 (6): 771-786.

Falender C A, Shafranske E. 2004. Clinical supervision: A competency-based approach [M]. Washington D.C.: American Psychological Association.

Falender C A, Shafranske E P. 2007. Competence in competency-based supervision practice: Construct and application [J]. Professional Psychology: Research and Practice, 38 (2): 232-240.

Figueredo A J, Sefcek J A, Vasquez G, et al. 2015. Evolutionary personality psychology [J]. The handbook of evolutionary psychology, 851-877.

Fraser M W, Galinsky M J, Smokowski P R, et al. 2006. Social Information-Processing Skills Training to Promote Social Competence and Prevent Aggressive Behavior in the Third Grades [J]. Journal of Consulting and Clinical Psychology, 73(6): 1045-1055.

Ghasemi P. 2016. Development of Conceptual Framework for Component Management Competence (Behavioural Indicators) [J]. International Business Management, 10(7): 1237-1240.

Gilfoyle N. 2008. The legal exosystem: Risk management in addressing student competence problems in professional psychology training [J]. Training and Education in Professional Psychology, 2(4): 202-209.

Glaser B G, Strauss A L. 1968. The discovery of grounded theory: strategies for qualitative research [M]. London: Weidenfeld and Nicolson.

Graziano W G, Habashi M M, Sheese B E, et al. 2007. Agreeableness, empathy, and helping: a person x situation perspective [J]. Journal of Personality & Social Psychology, 93(4): 583-599.

Hatcher R L, Lassiter K D. 2007. Initial training in professional psychology: The practicum competencies outline [J]. Training and Education in Professional Psychology, 1(1): 49-63.

Hennessy J, Lynch R. 2019. Straddling the marshy divide: exploring pre-service teachers' attitudes towards teacher research [J]. Educational Review, 71(5): 595-616.

Hofrichter D, Spencer L. 1999. Competencies: the right foundation for effective human resource [J]. Compensation and Benefits, 28(6): 21-23.

Hoge M A, Paris M, Adger H, et al. 2005. Workforce competencies in behavioral health: An overview [J]. Administration and Policy in Mental Health, 32 (4): 593-631.

Hoge M A, Tondora J, Marrelli A F. 2005. The fundamentals of workforce competency: Implications for behavioral health [J]. Administration and Policy in Mental Health, 32 (5): 509-531.

Hollenbeck G, McCall M. 1997. Leadership development: contemporary practices [M]//Kraut A I, Korman A K. Evolving Practices in Human Resource Management. San Francisco: Jossey-Bass Publishers.

Hwang Y, Park Y. 2015. Effects of open-situation scientific problem-making activity on the scientific problem-finding ability of pre-service teachers [J]. Journal of the Korean Association for Science Education, 35 (1): 109-119.

Jones J. 1989. Students' Ratings of Teacher Personality and Teaching Competence [J]. Higher Education, 18 (5): 551-558.

Kaslow N J. 2004. Competencies in professional psychology [J]. American Psychologist, 59 (6): 774-781.

Kaslow N J, Borden K A, Collins F L, et al. 2004. Competencies Conference: Future Directions in Education and Credentialing in Professional Psychology [J]. Journal of Clinical Psychology, 60 (7): 699-712.

Kaslow N, Celano M, Stanton M. 2005. Training in family psychology: a competencies-based approach [J]. Family Process, 44 (3): 337-353.

Kaslow N J, Dunn S E, Smith C O. 2008. Competencies for Psychologists in Academic Health Centers (AHCs) [J]. Journal of Clinical Psychology in Medical Settings, 15 (1): 18-27.

Kaslow N J, Rubin N J, Bebeau M, et al. 2007. Guiding principles and recommendations for the assessment of competence [J]. Professional Psychology: Research and Practice, 38 (3): 441-451.

Kimbrough S, Davis J, Wickersham L. 2008. The use of video feedback and semi-structured interviews for reflection among pre-service teachers [J]. Journal of Education and Human Development, 2(2): 120-129.

Kohrt B A, Jordans M J D, Rai S, et al. 2015. Therapist competence in global mental health: Development of the ENhancing Assessment of Common Therapeutic factors (ENACT) rating scale [J]. Behaviour Research and Therapy, 69(1): 11-21.

Krishnamurthy R, Vandecreek L, Kaslow N J, et al. 2004. Achieving competency in psychological assessment: Directions for education and training [J]. Journal of Clinical Psychology, 80(6): 725-740.

Lasen M, Tomas L, Hill A. 2015. Potential of service-learning to promote sustainability competencies in pre-service teachers: a case study [J]. Teaching Education, 26(4): 234-250.

Leigh I W, Smith I L, Bebeau M, et al. 2007. Competency assessment models [J]. Professional Psychology: Research and Practice, 38(4): 463-473.

Lichtenberg J, Portnoy S, Bebeau M, et al. 2007. Challenges to the assessment of competence and competencies [J]. Professional Psychology: Research and Practice, 38(3): 474-478.

Lin S, Chan S, Denner P R. 2013. Increasing pre-service teachers' intercultural competence through cultural observations and interviews [C]. Dallas, TX: TESOL.

Marrelli A F, Tondora J, Hoge M A. 2005. Strategies for developing competency models [J]. Administration and Policy in Mental Health, 32(4): 533-561.

Maxwell J. 1992. Understanding and validity in qualitative research [J]. Harvard Educational Review, 62(3): 279-300.

McClelland D C. 1973. Testing for competence rather than for intelligence[J]. American Psychologist, 28(1): 1-14.

Menon S. 2001. Employee empowerment: an integrative psychological approach [J]. Applied Psychology: An International Review, 50 (1): 153-180.

Mok L, Berry D. 2017. Develop the Competencies Your Workforce Needs for the Digital Ecosystem [C]. Stamford: Gartner.

Mousa E G A. 2015. Empathy toward Patients with Mental Illness among Baccalaureate Nursing Students: Impact of a Psychiatric Nursing and Mental Health Educational Experience [J]. Journal of Education & Practice, 6 (24): 98-107.

Müller M, Calcagni E, Grau V, et al. 2013. Developing observation skills in pre-service teachers: Results of a pilot intervention based on the use of the Video Library of Good Teaching Practices [J]. Estudios Pedagogicos, 39 (3): 85-101.

Nygren D J, Ukeritis M D. 1993. The future of religious orders in the united states: Transformational and commitment [M]. Westport, CT: Praeger.

Noguera J S. 2018. The Role of Classroom Observation in Pre-Service English Teachers' Understanding of the Teaching Profession [J]. Porta Linguarum, (30): 193-206.

Nousheen A, Zai S A Y, Waseem M, et al. 2020. Education for sustainable development (ESD): Effects of sustainability education on pre-service teachers' attitude towards sustainable development (SD) [J]. Journal of Cleaner Production, 250 (3): 213-230.

Ocak G, Karakus G. 2015. Developing an Attitude Scale for Discussion Ability of Pre-service Teachers [J]. Kuramsal Eğitimbilim, 8 (3): 50-69.

Oswaldo O M, Lupe G A, Elisa Y R, et al. 2012. Communication skills and positive mental health in the professional profile of teachers in basic education of Lima [J]. Revista De Investigación En Psicología, 15(3): 310-321.

Park E. 2018. A Study of Pre-service Teachers' Career Preparation and Perceptions Toward Teacher Education Program [J]. Journal of Research in Curriculum Instruction, 22(1): 85-97.

Petti P V. 2008. The use of structured case presentation examination to evaluate clinical competencies of psychology doctoral students [J]. Training & Education in Professional Psychology, 2(3): 145-150.

Pintrich P R. 2000. An Achievement Goal Theory Perspective on Issues in Motivation Terminology, Theory, and Research [J]. Contemporary Educational Psychology, 25(1): 92-104.

Prayogi S, Yuanita L, Wasis W. 2018. Critical-Inquiry-Based-Learning: Model of Learning to Promote Critical Thinking Ability of Pre-service Teachers [J]. Journal of Physics Conference, (947): 12-13.

Rameson L T, Morelli S A, Lieberman M D. 2012. The neural correlates of empathy: experience, automaticity, and prosocial behavior [J]. Journal of cognitive neuroscience, 24(1): 235-245.

Roberts M C, Borden K A, Christiansen M D, et al. 2005. Fostering a culture shift: Assessment of competence in the education and careers of professional psychologists [J]. Professional Psychology: Research and Practice, 36(3): 355-361.

Rodolfa E R, Bent R J, Eisman E, et al. 2005. A cube model for competency development: Implications for psychology educators and regulators [J]. Professional Psychology: Research and Practice, 36(3): 347-354.

Roe R A. 2002. What makes a competent psychologist [J]. European Psychologist, 7(2): 192-202.

Rosenthal M K, Gatt L. 2010. "Learning to Live Together": Training

Early Childhood Educators to Promote Socio-Emotional Competence of Toddlers and Pre-School Children [J]. European Early Childhood Education Research Journal, 18 (3): 373-390.

Sakinofsky I. 2017. Evaluating the Competence of Psychotherapists [J]. The Canadian Journal of Psychiatry, 24 (3): 345-360.

Sharpless B A, Barber J P. 2009. A conceptual and empirical review of the meaning, measurement, development, and teaching of intervention competence in clinical psychology [J]. Clinical Psychology Review, 29 (1): 47-56.

Slomp M W, Gunn T M, Bernes K B. 2014. Training pre-service teachers in career education: developing foundational perceptions, knowledge and skills [J]. The Canadian Journal of Career Development, 13 (2): 18-34.

Spencer L M, Spencer S M. 1993. Competence at work: Models for Superior Performance [M]. New Jersey: John Wiley & Sons, Inc.

Spruill J, Rozensky R H, Stigall T T, et al. 2004. Becoming a competent clinician: Basic competencies in intervention [J]. Journal of Clinical Psychology, 80 (5): 741-754.

Stern D T. 2006. Measuring medical professionalism [M]. Oxford: Oxford University Press.

Strauss A L, Corbin J M. 1997. Grounded Theory in Practice [J]. Contemporary Sociology, 28 (4): 296.

Sukrapi M, Muljono P. 2014. The Relationship between Professional Competence and Work Motivation with the Elementary School Teacher Performance [J]. Asian Journal of Humanities & Social Studies, 2 (5): 689-694.

Terracciano A, Costa P T, McCrae R R. 2016. Personality Plasticity After Age 30 [J]. Personality and Social Psychology Bulletin, 32 (8):

999-1009.

Trinidad S, Sharplin E, Ledger S, et al. 2014. Connecting for innovation: four universities preparing pre-service teachers to teach in rural, regional and remote Western Australia [J]. Journal of Research in Rural Education, 29 (1): 1-13.

Verni Y I, Efendy Z. 2015. The Optimization of Human Resource's Performance in Islamic Microfinance Institutions Through Job Analysis and Competency Model [J]. The Asian Journal of Technology Management, 8 (1): 56-67.

Wilkerson K, Rachelle P, Hughes A. 2013. Comprehensive School Counseling Programs and Student Achievement Outcomes: A Comparative Analysis of RAMP Versus Non-RAMP Schools [J]. Professional School Counseling, 16 (3): 172-184.

Winter D G. 1994. Manual for scoring motive imagery in running text (Version4.2) [M]. Ann Arbor, MI: Department of Psychology, University of Michigan.

Woolf N, Martinez M. 2013. A Financial Aid Competency Model for Professional Development [J]. Journal of Student Financial Aid, 43 (2): 15.

Young B J. 1995. Career plans and work perceptions of preservice teachers [J]. Teaching & Teacher Education, 11 (3): 281-292.

Zenger J, Folkman J. 2002. The Extraordinary Leader: Turning Good Managers into Great Leaders [M]. New York: McGraw Hill.

Zhang X, Zhou M. 2019. Interventions to promote learners' intercultural competence: A meta-analysis [J]. International Journal of Intercultural Relations, 71 (1): 31-47.

附录　研究 2 中编制的问卷

1. 我熟悉农村中小学教育的特点与实际。
2. 我熟悉农村儿童的心理与行为特点。
3. 我愿意长期从事农村教育事业。
4. 我有服务农村教育事业的情怀。
5. 我能体会学生的所思所想。
6. 我能准确识别学生的情绪。
7. 我会把心理健康教育元素融入课堂教学。
8. 我能够承担心理健康教育相关的课程教学任务。
9. 我开展的心理健康教育相关的活动对学生有积极的影响。
10. 学生会按照我在心理健康教育活动中说的去做。
11. 我能做到尊重学生。
12. 我能做到真诚对待学生。
13. 我能够建立良好的师生关系。
14. 学生愿意参加我开展的心理健康教育活动。
15. 当开展心理健康教育活动遇到困难时，我能够处理好自己的消极情绪。
16. 当遇到工作的压力时，我能够开展自我调节、缓解压力。
17. 我有能力识别农村儿童常见的心理问题。

18. 我有能力对农村儿童常见的心理问题进行早期干预。

19. 我能够注意到学生可能出现的心理隐患。

20. 我能及时发现学生的心理问题。

21. 当学生出现心理危机时，我能做到"临危不乱"。

22. 当学生出现心理危机时，我有能力开展初步干预。

23. 我能和学生开展有效的沟通。

24. 我能和周围人开展有效的沟通。

25. 我是一个能够进行理性思考的人。

26. 我能够引导学生开展理性的思考。

27. 我会为工作中取得的成绩而高兴。

28. 我会为自己设定合理的工作目标，并为之而努力。

29. 我积累了丰富的儿童青少年心理健康知识。

30. 即使工作以后，我也愿意进一步学习儿童青少年心理健康的相关知识。

31. 我是一个人格健全的人。

32. 我能与周围的人和谐相处。

33. 我知晓学校心理健康教育实践中教师应当遵守的伦理和道德规范。

34. 在心理健康教育及相关的教育实践中，我会遵守相关的伦理和道德规范。

35. 我对学生的语言具有敏锐的观察能力。

36. 我对学生的动作具有敏锐的观察能力。

37. 我对心理健康教育方面的工作很感兴趣。

38. 我很乐意在教学中融入心理健康教育的元素。

39. 我了解农村儿童身心发展的规律。

40. 我在教育实践中能够做到按规律（学生身心发展的规律）办事。

41. 我对自己有合理的认识和评价。

42. 我能够基于对自己的认识而不断努力提升自己。